도둑맞은
'자유민주주의'
프레임

—야당은 왜 선거에서 패배하는가?

도둑맞은 '자유민주주의' 프레임
—야당은 왜 선거에서 패배하는가?

초판 1쇄 펴낸 날 / 2016년 3월 17일

지은이 • 최택용 | 펴낸이 • 임형욱 | 디자인 • 예민 | 영업 • 이다윗
펴낸곳 • 행복한책읽기 | 주소 • 서울시 종로구 창신6나길 17-4
전화 • 02-2277-9216,7 | 팩스 • 02-2277-8283 | E-mail • happysf@naver.com
CTP출력 • 동양인쇄주식회사 | 인쇄 제본 • 동양인쇄주식회사 | 배본처 • 뱅크북
등록 • 2001년 2월 5일 제300-2014-27호 | ISBN 978-89-89571-93-3 03300 값 • 10,000원

도둑맞은 '자유민주주의' 프레임

— 야당은 왜 선거에서 패배하는가?

최택용 지음

행복한책읽기

차례

도둑맞은 '자유민주주의'를
되찾아야 한다!

　나는 국가정보원의 정치개입으로 인해서 제18대 대통령선거 결과가 바뀌었다고 생각하지 않는다. 2012년 12월 19일의 대통령선거에 조직적 개표 부정이 있었다고 생각하지 않는다.

　그러나 일탈 행위를 한 국가정보원의 관련자들이 제대로 처벌받지 않는 국가는 자유민주주의 국가라고 생각하지 않는다. 180일 이내에 선거소송을 재판하도록 되어 있는 공직선거법을 어기고, 1200일이 넘도록 재판이 열리지 않는 국가를 자유민주주의 국가라고 생각하지 않는다.

　4대강 사업 실패, 자원 외교 실패, 방산비리 등으로 천문학적인 국고를 낭비(100조 정도로 추정함)했던 새누리당 이명박 정부였다. '역대 최악의 정부' 라는 비판이 떠돌던 이명박 정권 말에 치러진 19대 국회의원 총선거에서 더불어민주당은 참패했다. 연이어서 18대 대통령선거도 더불어민주당은 패배했다. 최악의 평가를 받은 정권의 정당이 재집권에 성공한 것이다.

국정원과 군 사이버사령부가 대통령선거 시기에 여론 조작을 시도한 것이 드러나고, 경제민주화 공약과 복지 공약을 비롯한 대통령선거 주요 공약을 파기했고(박근혜 대선캠프의 경제민주화 공약을 주도한 김종인 공동선대위원장은 공개적으로 사과했다), 수백 명의 국민이 구조 받지 못한 채 연안의 유람선에 갇혀서 서서히 수장되는 광경이 방송되어도, 집권 새누리당은 재보궐 선거에서 연속 승리했다. 더불어민주당과 야권이 앞으로도 패배하리라는 것을 의심하는 이는 별로 없다.

반대하는 국민이 훨씬 더 많은 국정 역사교과서 발행을 새누리당 박근혜 정권이 밀어부치고, 전직 대통령과 야당 대표를 '변형된 공산주의자' 라고 매도하는 사람을 공영방송국 이사장으로 기용하고, 경제성장률은 최저치를 갱신하고, 양극화와 청년 실업은 날로 악화되고, 비정규직 노동자와 영세 자영업자의 삶은 벼랑으로 내몰리고 있다. 그러함에도 새누리당 정권의 독선적 국정운영은 지속되고 있고, 더불어민주당은 선거 패배가 예정된 정당이다.

다가오는 2016년 4월 20대 국회의원 총선거에서 집권여당인 새누리당이 승리한다는 것은 이제 상식이 되었다. 새누리당이 공언했던 180석 확보를 넘어 야당의 개헌 저지선을 위협할 수도 있다는 말까지 떠돌고 있다. 자! 이제, 이렇게 된 이유에 대하여 누군가는 말해야 하지 않을까?

야당은 왜 선거에서 패배하는가?

물론, 이 세상에서 발생하는 결과가 한 가지 원인으로 기인되는 것은 아니다. 그러나 '헬조선'이라는 말이 회자되고 있는 나라의 집권당이 선거에서 연속 승리하는 것은 '거대한 어긋남'이 아닐까?

2012년 12월, 대통령선거를 코앞에 두고 부산 해운대의 어느 식당에서 대통령 선거 관련 뉴스를 보다가 장년의 한 남자가 소리친다. "자유민주주의를 지키자!" 그가 어느 당의 후보를 지지하는가를 판단하는 것은 전혀 어렵지 않았다. 그렇다. 새누리당 박근혜 후보를 지지하는 사람이었다. 그렇다면 더불어민주당은 '자유민주주의 정당'이 아니라는 것인가? 새누리당은 정말 '자유민주주의 정당'이라는 말인가?

'자유민주주의(liberal democracy)'에 대한 규정은 학자들 간에 다소 차이는 있지만, 다수 의견은 이런 듯하다.

자유민주주의 : 만인평등에 입각하여 개인의 자유와 인권을 보장하고, 국민주권주의를 바탕으로 자유로운 참정권에 의한 입헌민주주의의 틀 내에서 의사결정을 하는 이념.

이것이 이루어지기 위해서는 개인의 자유, 평등, 인권이 헌법에 천명되는 것은 물론이고 법률과 제도에 의해서 실질적으로 보장되어야 한다. 국민주권주의와 참정권이 훼손될 수 있는 어떠한 여지도 봉쇄되어야 한다. 복수정당제도, 민주적 선거제도, 표현의 자유, 집회 결사 출판의 자유, 언론의 자유, 사법부의 독립은 필수적이다.

이런 근거로 봤을 때, 새누리당을 '자유민주주의 정당'이라고 보기에 어려운 점들이 많다. 창당 이래로 새누리당은 위에서 언급한 가치들을 수시로 위협해 왔다. 그런데 새누리당은 "자유민주주의 수호"를 입에 달고 있다. 반면, 더불어민주당은 스스로 '자유민주주의 정당'이라고 말하지 않는다(언론에서 '자유주의 정당'이라고 부른 사례는 있다). 어떤 점이 '자유민주주의 정당'이 아닌지에 관해서 밝힌 적은 없지만, 더불어민주당은 그래왔다.

만약, '자유민주주의 정당'이 '자유민주주의 정당'이라는 것을 밝히기를 삼가고 있고, '非자유민주주의 정당'이 '자유민주주의 정당'이라고 외치고 있다면 어찌 될까? 그리고 이것이 정치사회적으로 '용인' 되고 있다면 어떤 일이 벌어질까? 나는 이런 일이 대한민국에서 벌어지고 있다고 본다. 그것도 아주 오랫동안!

그것들의 원인과 결과에 대해서 함께 살펴보자. 그런 다음 더불어민주당과 국민의당이 가야 할 길에 대해서 이야기할까 한다.

한국 야당은 왜 선거에서 패배하는가?

이것을 알기 위해서 우리 모두는 '관념에 물든 얼굴'을 닦아야 한다. 이 책은 그것을 목적으로 한다.

도둑맞은 '자유민주주의' 프레임!

특히, 이 책의 제목을 보고 '그럼, 야당이 좀더 우향우를 하자는 거야?'라고 생각하신 분들은 꼭 이 책을 읽어주기를 기대한다. 이 책의 제목에 관한 기본 전제를 먼저 말하고 본 글을 시작한다.

새누리당은 '자유민주주의'를 도둑질했지만 '자유민주주의'를 가지고 있지 못하다.

새누리당은 우리가 '자유민주주의'를 가질 수 없도록 방해했지만 자신들이 '자유민주주의'를 가지고 있는 것은 아니다. 그러므로 우리의 것이 마땅함에도 한국 사회 어딘가에 숨어 있는 '자유민주주의'를 되찾아와야 한다. 이 책은 그 방법에 대한 모색을 담고 있다.

—2016년 3월, 최택용

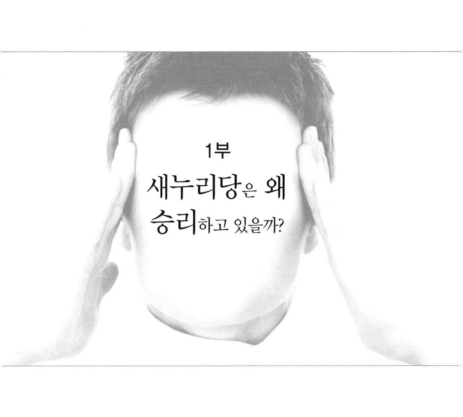

1부

새누리당은 왜
승리하고 있을까?

1 해운대 아저씨는 자유민주주의(liberal democracy)를 알고 외쳤을까?

한국 사회가 좋은 방향으로 가고 있는가?

각종 여론조사의 응답을 보면 부정적 견해가 압도적이다. '민주주의 퇴보' '경제적 양극화 심화' '세대간·지역간·계층간 갈등' '정규직과 비정규직의 차별 심화' 등을 문제점으로 꼽고 있다. 임계점에 도달한 이러한 문제를 주도적으로 해결해야 할 정치는 제 기능을 전혀 못하고 있다. 오히려 정치가 이러한 문제를 증폭시키는 역할을 하고 있다. 정치를 비난하는 흔한 말도 현 정치구조를 존속시키는 구성요소에 불과하다는 생각이 들 정도이다. 한국 정치는 이미 끊어내었어야 할 족쇄에 잡혀 있다. 오랫동안 한국 정치의 주류를 점한 세력은 새누리당이다.

새누리당의 정체성을 알기 위해서 새누리당이 건국의 아버지로 칭송하는 이승만 대통령의 당까지 갈 필요는 없다. 새누리당이 영웅으로 떠받드는 박정희 대통령의 당까지 갈 필요도 역시 없다. '군부 쿠데타'는 이전의 헌정 체계와 정당 질서를 타도하면서 새롭게 국가질서와 정당 질서를 만들고 권력을 형성한다. '혁명'과 다른 점은 그것이 국민의 동의와 국민의 힘을 기반으로 한 것이 아니라 '군부의 무력'으로 이룬다는 것이다. 그러나 공통점은 혁명과 마찬가지로 국가권력과 정당질서가 다시 리셋된다는 것이다. 그러므로 새누리당이 그 가치관을 이어 받으려고 노력하는 이승만·박정희 대통령의 당이라 하더라도 현재의 새누리당과의 직접적인 물적 연관성을 찾는 것은 쉽지 않다.

현 새누리당은 마지막 군부 쿠데타였던 12·12 쿠데타의 주도자인 전두환을 초대 총재로 추대하여 1981년 1월 15일 창당한 '민주정의당'에 뿌리를 두고 있다. 이후 '민주정의당' '통일민주당' '신민주공화당'의 3당 합당으로 '민주자유당'이 탄생했다. 이후 '민주자유당'을 본체로 합당과 당명 변경을 거쳐서 이어져 온 당이 새누리당이다. 즉, 군부 쿠데타로 집권한 세력들이 만든 정당을 법적으로 계승한 새누리당이다.

군부 쿠데타와 그것의 결과로 이루어지는 '독재 정치'는 '자유민주주의'와 양립할 수 없는 대립적 정치 형태이다. 그러므로 새누리당은 '민주주의'를 무너뜨리고 탄생한 '민주정의당'에 뿌리를 두고 있는 정당이다. 물론, 이것은 새누리당의 법통에 관한 설명이지만 그 법통은 당의 이념과 가치에 영향을 미칠 수밖에 없다. 그러나 별도로 현재의 새누리당이 어떤 이념 가치를 중심으로 활동하는지를 살펴볼 것이다. 그 전에, '자유주의'와 '민주주의'에 관한 개념을 확인하고 '자유민주주의'를 정리하자.

'자유주의'와 '민주주의'는 무엇인가?

'자유주의'는 무엇인가?

학자들 간에 다소의 견해 차이가 있고, 정치적 자유주의, 문화적 자유주의, 경제적 자유주의 등으로 세분해서 설명하기도 하고, 사회적 자유주의로 총칭하기도 한다. 존 스튜어트 밀의 설명과 함께 자유주의의 기본 개념을 살펴보자.

"인간 사회에서 누구든 다른 사람의 행동의 자유를 침해할 수 있는 경우는 오직 한 가지, 자기 보호를 위해 필요할 때 뿐이다. 다른 사람에게 해를 끼치는 것을 막기 위한 목적이라면, 당사자의 의지에 반해 권력이 사용되는 것도 정당하다고 할 수 있다. 이 유일한 경우를 제외하고는, 문명사회에서 구성원의 자유를 침해하는 그 어떤 권력의 행사도 정당화될 수 없다."

즉, 자유주의는 개인의 자유를 보장하고 옹호하는 이데올로기이다. 개인이 행복을 실현하기 위해 스스로 선택하고 결정하는 것을 방해하는 일체의 요소를 배격하는 정치적, 철학적, 사회적 가치를 지칭하는 것이다. 단, 자신의 자유와 마찬가지로 타인의 자유도 존중되어야 한다. 인간은 평등하므로 그 누구의 자유도 부당하게 침해될 수 없다는 것이다.

여기서 중요한 점은 자유주의의 '자유'가 개인의 무제한적 자유가 아니라는 것이다. '만인평등에 입각한 공정한 자유'를 의미한다. 그러므로 법과 제도의 필요성이 도출되는 것이다. 그러므로 존 로크는 설파했다. "법이 없으면 자유도 없다."

아울러 권력이 개인의 자유를 침해하지 않는 소극적 자유가 '자유주의'를 완성하는 것은 아니다. 개인이 자유를 누리는 데 필수불가결한 최소한의 요소들을 국가가 개인에게 보장하고 지원할 때 '자유주의'가 실제로 구현된다고 볼 수 있다. 그러한 이유들로 자유주의는 민주주의의 법과 제도를 근원적으로 요구하는 이념이라고 볼 수 있다.

자유주의를 '경제적 자유지상주의'로 선전한 흐름도 있었다. 하지만 이것은 인간평등에 입각하여 절대군주제와 신분제 사회를 무너뜨리면서 탄생한 자유주의의 본령을 변질시킨 것이다. 자유주의를 왜곡하고 편향적으로 해석한 '경제적 자유지상주의'는 특권층과 거대자본을 위해서 시민 대다수의 자유와 평등을 침해하는 결과를 낳고 있다. 그러나 어쨌든, 현실에서는 '경제적 자유주의'를 자유주의에 포함하는 견해와 포함하는 것에 반대하는 견해가 공존하고 있다.

'민주주의'는 무엇인가?

민주주의는 국민주권주의에 입각하여 법적·제도적 권력이 행사되는 것이다. 주권자가 국민이고, 국민으로부터 모든 권력이 나온다고 본다. 우리나라 헌법 1조 2항은 이를 간명하게 명문화하고 있다.

"대한민국의 주권은 국민에게 있고, 모든 권력은 국민으로부터 나온다."

이를 실현하고 옹호하기 위한 법적 장치로 '복수 정당제' '민주적 선거' '출판 결사 언론의 자유' '사법권의 독립' 등을 명시하고 있다.

자유민주주의(liberal democracy)란 무엇인가?

요약하자면, "만인평등에 입각하여 개인의 자유와 인권을 보장하고 국민주권주의를 바탕으로 자유로운 참정권에 의한 입헌민주주의의 틀 내에서 의사결정을 하는 이념 체제"를 의미한다.

물론, 국가마다 정치적 문화적 역사적 배경이 다름으로 인해서 자유민주주의를 해석하고 실천하는 것에 다소 차이가 있다. 또 그런 차이로 인하여 논란도 존재하고, 그 논란을 피하기 위해서 '자유민주주의' 라는 용어 사용을 꺼리는 경우도 있다.

자유민주주의를 이해하기 위해서 '자유주의' 와 '민주주의' 의 결합이라는 측면에서 '자유민주주의' 를 살펴보는 것이 필요하다. 논란도 이 부분과 관련해서 발생한다고 볼 수 있기에 정리가 필요하다.

자유주의는 개인의 자유를 보장하고, 민주주의는 기본적으로 다수대중에 의한 지배를 추구한다. 문제는 자유와 민주를 공존시키고 조화시키기 위해서 적절한 합의와 노력이 필요한 경우가 발생한다는 것이다.

이해를 돕기 위해서 이런 문제를 생각해 보자.

자유주의는 개인이 행복을 추구하기 위한 권리를 보장한다. 그러므로 부자가 더 많은 부를 획득하기 위한 경제적 활동을 보장한다. 반면에 민주주의는 다수대중의 공익을 중심으로 판단하므로 부자가 더 많은 사유재산을 소유하는 것을 막는 결과가 발생하기도 한다.

소득 상위자에게 세율을 높게 책정하고, 거대 기업이 시장을 독점하는 것은 통제되기도 한다. 그렇지만 강도와 법적 강제력의 범위를 두고 논란은 이어지고 있다. 그렇다면 '자유민주주의'는 '자유주의'와 '민주주의'라는 상호 대립적인 가치가 결합된 모순된 이념인가?

그렇다고 볼 수 없다. 자유민주주의의 '자유'는 영어로 'FREE'가 아니다. 즉, 개인의 무제한적인 자유가 타인에게 해를 끼치는 경우까지 보장하는 것이 '자유주의'가 아닌 것이다. 자유주의에 흐르는 인권 존중과 타인에 대한 배려는 자유주의가 '만인평등'을 전제로 하고 있다는 의미이다.

그러므로 존 스튜어트 밀이 말한 "다른 사람에게 해를 끼치는 것을 막기 위한 목적이라면, 당사자의 의지에 반해 권력이 사용되는 것도 정당하다고 할 수 있다"라는 말은 **자유주의가 민주주의에 의해서 완성된다는 말에 다름 아니다.** 다수의 행복을 존중하지 않는 사람의 무제한적인 행복 추구를 허용할 필요는 없다. 그것은 자유주의를 앙상하고 불완전하게 만드는 일이다. 설사 그러한 행위의 이유가 자신의 행복을 추구하기 위한 목적이지 다른 사람에게 해를 끼치는 것을 목적으로 하지 않았다고 하더라도, 그 행위의 결과가 다른 사람에게 해가 되는 경우 적절하게 통제하는 것이 자유주의의 가치에 위배되는 것이 아니다.

반대 각도에서 질문해 보자. 민주주의는 개인의 자유를 존중하는 자유주의를 보장하지 못하는가? 아니다. 민주주의는 자유주의에 의해서 완성된다. 인간 개개인의 정당한 자유를 다수대중의 권력으로 억압할 수 있다면, 그 억압은 언젠가는 다수대중의 누구에게도 칼이 될 수가 있다. 그것은 인간이 주인 되는 민주주의로 볼 수 없다. 민주주의는 자유주의의 가치를 품지 않고는 정당성을 확보할 수 없다.

경제적 분야가 아니더라도 〈개인의 자유 vs 공공성〉이라는 측면에서 자유주의와 민주주의의 조화를 고민해야 할 때가 있다. 그러나 그 '조화'를 두 이념의 대립으로 인해 야기되는 모순을 해결하는 일이라 보는 것은 이미 낡은 사고다. 각각의 이념에는 상호 연결고리가 내재되어 있다. 자유주의와 민주주의는 서로를 더 풍성하게 보완하는 가치이고, 서로가 조화될 때만이 완전에 다가갈 수 있다고 본다. 나는 이것이 현대적 해석이라 믿는다.

정치학자 '노르베르토 보비오'는 이렇게 말한 바가 있다.

"자유주의는 민주주의에 의해서 보장되고, 민주주의는 자유주의에 의해서 보장 된다는 것. 거꾸로 말하면 자유주의 없는 민주주의는 공산주의처럼 망하고, 민주주의 없는 자유주의는 폭주한다."

노인을 공경하는 것과 어린이를 사랑하는 것은 대립적인 것이 아니다. 바른 인간이라면 하나만 선택할 수 없다.

신자유주의, 자유민주주의에 대한 오해

강경한 '경제적 자유 지상주의자'들은 '신자유주의'적 정책이 자유주의의 본령인 것처럼 왜곡한다. 물론 '신자유주의'를 설명하는 의견은 편차가 있다. 그러나 신자유주의라 표현되는 편향된 경제적 자유 지상주의 경제정책이 인류의 집단지성으로 발전시켜 나가야 될 자유민주주의를 훼손하도록 방치하는 것은 잘못된 것이다.

국가권력의 민주적 시장개입을 비판하며 자율성과 효율성을 강조하는 것은 불평등을 방치하는 것에 다름 아니다. '공정한 시장경쟁'을 독려하고 '시장의 실패'를 보정하는 것은 자유민주주의 기본적 가치이다. 신자유주의가 공공복지의 확대를 비판하는 것은 강자의 무제한적 자유를 위하여 만인의 평등과 자유를 억압하는 것이다. 타인이 자유롭고 행복한 삶을 누릴 수 있도록 배려하고 존중하지 않는 자유주의는 이미 절름발이 자유주의다. 그리고 그것이 민주주의가 아님은 물론이다.

시장의 효율성, 국가 경쟁력의 강화를 자유방임적 경제정책으로 이룰 수 있다는 주장은 거대자본의 탐욕을 방치하는 말에 다름 아니다. 2008년, 서브프라임 모기지 사태로 촉발된 미국발 금융위기는 거대자본의 무제한적 탐욕이 자국은 물론이고 전 세계 민중에게 해를 끼친다는 것을 증명했다.

진보적인 성향의 사람들 중에서도 〈자유민주주의 = 신자유주의〉라는 식의 표현을 사용하곤 한다. 하지만 신자유주의를 비판하면서 자유주의와 동일화 하는 것은 잘못된 것이다. 신자유주의는 자유주의와 민주주의의 가치를 훼손하지 않고 존재할 수 없다. 자유주의를 훼손하는 민주주의와 민주주의를 훼손하는 자유주의도 인정할 수 없는데, 하물며 자유주의와 민주주의 모두를 극단적으로 해석하여 독주하는 신자유주의는 자유민주주의를 대체할 수 있는 이념 가치가 될 수 없다.

분단과 분단 체제를 악용한 독재 치하에서 자유주의와 민주주의의 가치가 굴절되어 유포되었다. 새누리당과 특권기득권 세력들은 '정경유착에 의한 관치경제' 에 이어서 '경제적 자유 지상주의에 입각한 신자유주의' 까지 유포하고 있는 것이다. 둘은 상이한 경제 양태지만 특권 기득권층의 이익을 위해서 활용된다는 면에서 동일하다.

2 새누리당은 비자유민주주의(illiberal democracy) 정당이다

미네르바 국민과 둥글이 국민의 자유는 없다

자유민주주의를 표방하지만 탐욕스러운 거대자본의 무제한적 자유를 위하여 다수대중의 자유가 위협 당하고, 개인의 정치적 자유가 억압되고, 삼권분립과 국민주권이 흔들리는 나라들이 있다. 비교정치학에서는 '자유롭지 않은 민주주의(illiberal democracy)' 라는 용어가 나온다. 나는 이를 '비자유민주주의(F.자카리아)' 라고 부르기로 한다.

'미네르바' 라는 필명으로 인터넷에 경제 상황에 관한 분석과 정부 경제정책을 비판하는 글을 올리던 이가 있었다. 2008년, 이명박 정부의 검찰은 공익을 해칠 목적으로 인터넷에 허위 사실을 유포한 혐의(전기통신기본법 제47조 제1항 위반)로

미네르바를 구속 기소했다. 미네르바는 인신이 구속된 상태로 재판을 받았다. 2009년, 법원은 미네르바가 글의 내용이 허위라는 인식이 없었고 공익을 해칠 목적이 없었다며 무죄를 선고했다. 2010년, 헌법재판소는 검찰이 미네르바 처벌의 근거로 삼았던 전기통신기본법 제47조 제1항에 대해 위헌 결정을 내렸다.

이 사건은 개인의 가치관과 윤리관에 따라서 다르게 해석될 수 있는 '공익'을 위해서 개인의 발언(글)을 형벌의 대상으로 삼았던 것이다. 미네르바는 정부의 경제정책을 지속적으로 비판했었다. 그 내용에 사실과 다른 것도 있었다고 검찰이 칼을 겨눈다면 시민의 '표현의 자유'가 가능할까? 더구나 검찰이 적용한 전기통신기본법 제47조 제1항은 '허위 명의의 통신'을 규제하려는 것이 목적이었고 '내용이 허위인 통신'을 규제하려는 목적이 아니었다. 1961년 제정된 이래 40년 이상을 적용되지 않고 사문화되었던 조항이었다. 사문화된 조항으로 정부에 비판적인 한 인터넷 논객까지 감시하고 검열하고 처벌하려고 한 것이다.

'자유민주주의'가 확립된 국가에서 있기 힘든 사건이다.

'미네르바'로 알려진 박대성씨는 무죄로 판명된 그 사건에서 받은 심한 충격으로 몸무게가 40kg이나 빠지는 등의 큰 고통을 당했다. 정부 검찰의 자의적인 판단으로 개인의 자유를 박탈한 사건이다.

2008년, 이명박 새누리당 정권하에서 있었던 사건이다.

2015년, 한 시민이 '둥글이'라는 닉네임으로 시국을 비판하고 대통령을 비판하는 전단지를 배포했다. 경찰과 검찰은 '대통령 명예훼손'으로 둥글이를 구속하여 재판에 넘겼다. 이런 국가를 '민주주의 국가'라고 볼 수 있을까? 그는 폭력을 사용하여 타인의 자유와 안전에 위해를 가한 사실이 없다.

대한민국이 민주 공화국이라는 것을 천명한 헌법 1조 2항 "대한민국의 주권은 국민에게 있고, 모든 권력은 국민으로부터 나온다"의 가치가 명백하게 훼손되고 있는 것이다. 표현의 자유와 정치참여의 자유를 억압한 것이다. '자유민주주의'를 실행하는 정부에서 있기 힘든 사건이다.

2015년, 박근혜 새누리당 정권하에서 있었던 사건이다.

새누리당 정권하에서 국민의 자유와 인권이 탄압받는 비민주주적 사례는 열거하기 힘들 정도로 빈번하다. 국가 정보기관이 국민의 참정권에 영향을 미칠 수 있는 정치행위를 하고, 표현의 자유가 위축되고, 집회결사의 자유가 침해받고 있다. 그러나 새누리당은 당당하게 "자유민주주의 수호"를 외치고 있다. 어떻게 이런 일이 가능할까?

청와대는 행정부, 사법부, 입법부의 삼권을 노골적으로 통제하고 지배하려는 시도를 한다. 그것은 권력이 견제되고 분점되는 삼권분립의 자유민주주의 사회라고 볼 수 없다. 민주주의의 기본 법률과 제도가 작동하는 사회라고 하더라도 실질적 사회경제적 자유는 강자의 힘에 의해서 위협받을 수 있다. 그러므로 국가의 지속적인 관리와 지원이 필수적이다. 하물며 정부가 앞장서서 민주주의의 원칙을 무력화 한다면, 국민의 기본권인 자유와 평등의 훼손은 가속화 될 수밖에 없다.

대통령이 유승민 여당 원내대표를 공개적으로 비판하였고, 원내대표는 교체되었다. 이것은 다수 여당을 통하여 입법부를 통제하려는 것이다. 박근혜 정부는 정치에 개입한 국정원·국방부 직원을 조사하는 검찰총장과 검사의 실책을 찾아서 처벌했다. 정부가 공개적으로 수사기관이자 준사법기관인 검찰의 중립성을 훼손했다. 그러나 여당과 검찰은 조직적 저항을 하지 않았고, 자신들의 독립성을 되찾으려는 실질적 노력도 없었다. 사퇴한 유승민 원내대표와 징계당한 검찰총장과 검사들이 그 조직에서 일반적이지 않은 특이한 소수라고 봐야 한다.

이러할진대 이 정부를 '자유민주주의 정부'라 할 수 있고, 이를 정치적으로 뒷받침하는 새누리당을 '자유민주주의 정당'

이라고 할 수 있겠는가?

'새누리당은 자유민주주의 정당' 이라는
허위의 프레임을 어떤 경로를 통해서 구현했을까?

저명한 언어학자인 조지 레이코프(George Lakoff)의 『코끼리는 생각하지 마』의 내용을 소개한다.

"프레임(frame)이란 우리가 세상을 바라보는 방식을 형성하는 정신적 구조물이다. 프레임은 우리가 추구하는 목적, 우리가 짜는 계획, 우리가 행동하는 방식, 그리고 우리 행동의 좋고 나쁜 결과를 결정한다. 정치에서 프레임은 사회 정책과 그 정책을 수행하고자 수립하는 제도를 형성한다. 프레임을 바꾸는 것은 이 모두를 바꾸는 것이다. 그러므로 프레임을 재구성하는 것이 바로 사회적 변화이다."

"프레임을 재구성한다는 것은 세상을 보는 방식을 바꾸는 것이다. 그것은 상식으로 통용되는 것을 바꾸는 것이다."

그래서 새누리당이 한 것이 무엇인가?

새누리당은 자유민주주의를 자신의 것으로 만들었다. 사실을 왜곡한 프레임(frame)을 반복적으로 다양한 방식으로 오랫동안 전파한 것이다. 그 결과로 자신들이 선거에서 이길 수 있는 유권자의 분할을 이룬 것이다.

새누리당은 "북한의 위협으로부터 자유민주주의를 지키고" "한미동맹을 강화하고" 등의 구호를 즐겨 애용한다. 북한(공산주의)에 반대한다고 곧 자유민주주의는 아니다. 오히려 '극우보수정치'는 '전체주의'라는 속성을 공유하는 공산주의와 닮은 면이 많다.(박근혜 정부가 국민과 학계의 반대에도 불구하고 '역사교과서 국정화'를 추진하는 것은 시사하는 바가 크다. '올바른 하나의 교과서'만 남기겠다는 것이다. 북한은 단일 국정교과서를 사용하는 전 세계에서 몇 안 되는 나라가 아닌가!) 그러나 북한을 강하게 반대하는 입장 표명은 공산주의자가 아닌 것을 공인받는 효과와 함께 자유민주주의자라는 착시를 강하게 불러 온다. 민주주의가 제대로 확립되지 않은 '전체주의 국가' '봉건적 국가'인 후진국들도 대개는 '자유민주주의'를 표방한다. 스스로 '전체주의 국가' '봉건적 국가'라고 호명하는 나라는 없다. 즉, 현 세계사적 흐름 속에 공산주의(사회주의)를 제외하고 현실적 이념으로 인식되는 것은 '자유민주주의' 외에는 뚜렷하게 없다(물론, 각 나라가 자유민주주의를 구현하는 수준의 편차는 크다). 공산주의를 반대한다는 것은 자연스럽게 '자유민주주의'를 연상시키는 효과가 있기 때문에, "북한의 위협으로부터 자유민주주의를 지키고"는 강력하고 설득력 있는 프레임 효과를 만드는 것이다.

"한미동맹 강화"를 반복해서 말하는 것도 마찬가지로 왜곡된 프레임을 구축하는 데 큰 효과를 내었다. 최대 우방이자 한국인에게 지대한 영향을 미치고 있는 미국은 '북한, 공산주의'와 대립하는 강력한 상징성을 가지고 있다. 새누리당은 미국과 자신들을 동질화하는 프레임을 반복한다. 자신들의 실체인 '극우전체주의 국가관'을 감추고 '자유민주주의 정당'으로 포장되는 것이다. 새누리당의 전신인 정당들이 해왔던 독재 정치까지 화장하는 것이다.

새누리당은 허위의 프레임을 구성하여 국민이 세상을 보는 방식에 영향을 미친 것이다. 물론, 한국 사회가 처한 특유의 조건이 있었기에 효과적으로 가능했다.

그리고 이것을 강력하게 도와주는 세력들이 있었다.

그들은 바로 '더불어민주당'이다. 기실, 자유민주주의 정당인 더불어민주당은 '자유민주주의 정당'인 것을 표방하지 않는다. 그러니 새누리당이 '자유민주주의 정당'이 누릴 수 있는 온갖 혜택을 독점하는 이상한 나라가 되었다.

3 더불어민주당이 누구인지 말할 수 있는 자는 누구인가

새누리당의 정체성과 생존방식의 대강을 이야기했으니, 더불어민주당의 정체성과 생존방식에 대해서 이야기해보자. 더불어민주당은 자유민주주의 정당이다. 그런데 대한민국 국민들의 압도적 다수가 선호하는 '자유민주주의'를 표방하지도 않고, 대한민국 국민들의 압도적 다수가 선호하는 '자유민주주의'를 상대당인 새누리당이 훔쳐갔는데도 수수방관한다. 참으로 이해하기 힘든 당이다. 왜 그럴까?

더불어민주당은 반대 항으로 존재하는 정당이다. '바보 자유민주주의자의 병원'

"더불어민주당이 누구인지 말할 수 있는 자는 누구인가?"라는 말이 있다.

과장일까? 더불어민주당은 60년 전통의 정당이고, 반독재 투쟁의 유구한 역사를 가지고 있고, 김대중 대통령과 노무현 대통령을 배출한 정당이고, 현재는 제1야당이다. 그런데 '정체성'을 제대로 말할 수 없다는 말이다. 더불어민주당은 반대 항으로 존재하는 정당이다. 잘하든 못하든 간에 이 나라를 지배하고 주도하는 새누리당 세력에 반대하는 정당에 불과하다는 뜻이다. '반대하는 정당'은 상대가 없으면 스스로에 대해서 설명할 수 없다. 그러니 "더불어민주당이 누구인지 말할 수 있는 자는 누구인가?"라는 말이 나오는 것이다.

그러나 노선에 대한 추상적이고 의미 없는 논쟁은 당 내부에서 무성하다.

논쟁은 앙상하고 단순하다. "좌회전해야 한다. 우회전해야 한다." 또는 "진보노선을 강화해야 한다. 중도노선을 강화해야 한다." 바보 토론이다. 자신들이 서 있는 기본 위치를 남들은 모르겠다고 하는데, 오른쪽으로 가야 할지 왼쪽으로 가야 할지를 떠드는 꼴이다.

단언하건대, 더불어민주당은 창당 이후에 한 번도 자유민주주의 노선에서 일탈된 주장을 한 적이 없다. 정치적으로는 물론이고 경제적 영역에서도 그랬다. 그런데 대한민국 국민들의 압도적 다수가 자신들의 이념으로 선호하는 '자유민주주의'를 표방하지도 않은 채로 좌회전 우회전 타령을 한다. 자유민주주의자가 아닌 극우보수, 수구전체주의자들이 대한민국 국민들에게 자유민주주의를 떠들고 있는데도 말이다.

더불어민주당은 '바보 자유민주주의자의 병원' 같은 정당이다. 더불어민주당의 강령과 정강정책에도 '자유민주주의'라는 표현이 없다. 강령과 정강정책의 내용은 온통 자유민주주의적 가치를 담고 있으면서도 그렇다. 반면에 새누리당은 자유민주주의를 지향한다는 것을 강령에서 밝히고 있다. 수없이 자유민주주의를 오염시키고 훼손해온 정당이 자유민주주의를 당당하게 말하고 있는 것이다.

더불어민주당은 왜 이런 이상한 바보짓을 하고 있을까?

몇 가지 이유를 짐작할 수 있다. 그 이유의 실체는 편견과 자격지심에서 비롯된 어리석은 생각들이다.

먼저, 더불어민주당의 구성원 중에 상당수는 '자유민주주의'를 보수적으로 해석하고 있다. 즉, 자유민주주의를 상당히 보수적인 이념으로 한정해서 바라보고 있는 것이다. 자유주의가 마르크시즘을 낳았다고 볼 수 있을 정도로 자유주의는 자유와 평등이라는 인간의 근원적인 인권을 위해 태동한 사상이다. 그 자유주의에 '국민 주권' '입헌민주주의의 제도화'를 부여한 '자유민주주의'를 '보수주의' 정도로 해석하고 있는 것이다.

물론, 폭넓고 근원적인 가치를 담은 자유민주주의 이념은 '자유'와 '민주'를 해석하고 실천하는 과정에서, 상대적으로 진보적인 모습으로 나타날 수도 있고 상대적으로 보수적인 모습으로 나타날 수도 있다. 그러나 개인의 평등, 자유, 인권을 침해하는 '독재적 전체주의' '반공적 극우보수'의 극단적 편향은 이미 자유민주주의 기본에서 일탈된 것이다.

우습게도 자신들의 것인 '자유민주주의'를 자신들이 극우보수주의 세력이라고 규정하는 새누리당이 외치는 것을 보고 '자유민주주의 = 극우보수주의'라고 스스로 세뇌한 꼴이다. 더불어민주당은 새누리당의 '가짜 자유민주주의 프레임'에 적극적으로 호응한 것이다. 한마디로 새누리당에 의해서 놀아나고 있는 것이다. 자신들 스스로는 새누리당의 극우보수적 행태를 비난하고 있기 때문에 새누리당의 낡은 가치와 싸우고 있다고 생각한다. 자유민주주의라는 소중한 아기를 극우보수라는 오염된 물과 함께 버리고 있는 것이다. 자신들이 새누리당의 '가짜 자유민주주의 프레임'에 빠져 있다는 사실을 모르고 있다.

이유는 또 있다. 더불어민주당을 '운동권 정당'이라고 말하기도 한다. 그만큼 과거에 학생운동, 민주화운동을 했던 출신자가 많다는 의미다. 그들은 '자유주의'에 대한 이해와 신념이 부족한 채로 독재 권력에 맞서서 '제도적 민주주의'를 위해서 싸웠고, 그 사고의 이면에는 분단된 나라의 현실을 반영한 '감상적 민족주의'가 존재했다. 그러한 연유로 그들은 자유주의가 가진 개방성과 진보성에 대한 이해가 부족하다. 즉, '자유민주주의가 진보적일 수도 있고, 진보적 자유민주주의가 가능'하다는 '관념의 전환'에 어려움을 겪고 있는 상태다. 그렇다고 그들이 국회의원과 당의 간부가 되고 난 이후에 자유민주주의에 일탈된 정치적 노선을 걸은 경우는 없다. 더불어민주당에 존재하는 민족주의 성향의 NL 출신자를 비롯한 과거 운동권 출신들은 자유민주주의 체제 내의 노선으로 전향한 지 오래다. 그러나 그들은 '자유민주주의'라는 용어에서 우편향된 서구 자본주의의 향취를 강하게 느끼는 정서가 남아 있다. 스스로 자유민주주의 체제로 동화되었지만 자유민주주의를 내걸지 않음으로써 자신의 '진보성'을 확인하는 심리이다. 과거의 동지이자 야권연대의 대상이기도 한 진보정당에 있는 활동가들을 의식하기도 한다(나는 진보 정당에서 주장하는 대부분의 내용도 자유민주주의의 기본 틀에서 일탈되었다고 생각하지 않는다).

끝으로, 더불어민주당 일부 구성원들이 가지고 있는 안일함이다. 전 세계적으로 체제 경쟁은 끝났는데 현실적으로 선택할 수밖에 없는 자유민주주의를 군이 강조할 필요가 없다고 생각하는 안일함이다. 건강한 자유민주주의자가 자유민주주의를 외치지 않는다면, 극우전체주의 세력들이 자유민주주의를 사칭하며 국가를 병들게 한다는 것을 지켜보면서도 모르는 바보인 것이다.

더불어민주당에서 자유민주주의자가 아닌 사람을 찾기는 힘들다

스스로 진보적이라 생각하면서 '더불어민주당' 을 오랫동안 지지해 온 사람들은 '자유민주주의 정당' 이라는 말에 여전히 거부감이 들 것이다. 두 가지 측면에서 생각하라.

하나는, '진보적 자유민주주의' 는 가능하다.

가령, '복지국가 노선' 조차도 자유민주주의의 틀 속에서 얼마든지 수용가능하다. 현재의 더불어민주당 내에서 소수의 입장이고 가장 왼편에 서있다고 볼 수 있는 '복지국가 노선' 도 자유민주주의로 얼마든지 수렴 가능하다. 그리고 '복지국가 노선' 은 헌법정신에 위배되지 않는다.

다른 측면은, 대중을 중심에 두어야 한다.

그들이 이해하기 용이하고 수용 가능한 언어로 우리의 것을 설명해야 한다. 스스로 진보연하면서 자족하는 언어가 아닌, 대중을 설득하고 대중의 동의 속에서 현실을 실제로 바꾸어 나가는 것이 '실천적 진보주의자'가 아니겠나.

나는 얼마 전에 더불어민주당 당직자 출신이 이런 이야기를 하는 것을 들었다.

"더불어민주당은 '한국적 리버럴의 길'을 가야 합니다."

그는 상당히 합리적이고 진보적인 사람이지만 관념의 벽을 깨지 못하고 있었다. 리버럴이 뭔가? 리버럴(liberal)은 '자유주의자'를 뜻한다. 미국에서는 집권 민주당을 '리버럴 정당'이라고 지칭하고, 한국에서는 미국 민주당을 '자유주의 정당'이라고 한다. 유럽에서도 각 국의 정치적 역사적 배경에 따라 차이가 있지만 자유주의자를 지칭하는 의미로 폭넓게 사용한다. 굳이 '한국적 자유민주주의의 길'이라고 표현하지 못할 이유가 무엇인가? 대중이 인지하기 힘든 '리버럴'이라는 용어를 사용해야 할 필요는 없다. 그것은 실재와 무관하게 '자유민주주의'라는 언어에 각인된 자기 관념적 집착일 뿐이다.

무엇보다 중요한 것은 우리 대한민국의 헌법은 '자유민주주의적 가치'를 지향하고 있다. 군부독재 세력과 극우전체주의 세력들은 자신들을 '자유민주주의자'로 잘 포장해왔고, 더불어민주당은 오랫동안 구경만 했다.

기실, 새누리당에서 자유민주주의자라고 분류할 수 있는 사람은 소수다(유승민 의원, 원희룡 지사 등이 대표적인 인물이다). 이명박, 박근혜 정권을 거치면서 새누리당의 정체성은 과거 극우전체주의 성향으로 회귀하고 있다. 반면, 더불어민주당에서 자유민주주의자가 아닌 사람을 찾기는 힘들다. 더불어민주당은 스스로의 정체성을 국민들에게 제대로 말하지 못하는 '관념의 병'이 든 상태다.

가끔, 새누리당의 특정한 행위를 '자유민주주의에 어긋나는 독재적 행태'라고 더불어민주당이 비판했던 경우는 있다. 그런데 더불어민주당은 자신들이 자유민주주의자라고 선포, 선전, 설득을 전혀 하지 않는다. 이것이 바보 같은 상태라는 것을 모른다. 극우보수 세력인 새누리당을 지속시키는 가장 강력한 서비스를 더불어민주당이 하고 있다.

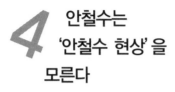

4 안철수는 '안철수 현상'을 모른다

30% 중간층 유권자는 '진보와 보수 사이의 중간층'이 아니다

지난 대통령선거는 안철수를 빼놓고 말하기 힘들다. 안철수에 대한 환호는 어떤 의미였나? 소모적인 거대 양당의 '적대적 공존의 정치'에 대한 국민적 거부감이 '새정치'에 대한 기대감으로 표출되었다는 견해가 많다. 이 견해를 수용해서 본다면, 민주화 세력을 대표하는 문재인 후보와 새로운 정치를 표방하는 안철수 후보가 손을 잡고 단일화를 했는데도 산업화·특권층 세력을 대표하는 새누리당 박근혜 후보에게 패배한 것이다. 이 결과를 받아들인다는 것은 참으로 어렵고 비참한 것이다. 그러므로 민주진보 세력의 주요 인사들은 패배의 이유도 모른채 패배감에 젖어서 '승리하기 위해서는 협력해야 할 대상'들에게 서로 책임을 떠넘기고 있다. 자신들이 패배한 이유의 실체를 대면하지 못한 상태에서 비전을 제시하는 것은 어렵다. 그것이 현 상황이다.

지난 대선에서 안철수 후보는 박근혜 후보를 누를 수 있는 대안으로 각광 받았다. 설혹 3자(박근혜, 안철수, 문재인) 대결에서 승리하지 못한다고 해도 문재인 후보와 단일화를 이룬다면 대선 승리는 보장되는 듯했다. 안철수의 대통령 출마 선언과 동시에 박근혜 후보의 대세론이 신기루처럼 사라질 정도였다. 그랬던 안철수 후보가 문재인 후보와 단일화를 추진하겠다고 광주 전남대에서 선언한 이후에 지지율이 급락했다. "국회의원 정수를 줄이겠다"는 식의 비본질적 개혁에 몰두한 것을 비롯한 안철수 안심캠프의 미숙한 실수가 많았지만, 문재인 후보에 비해서 상당히 우세했던 안철수 후보의 지지율이 본격적으로 빠지기 시작한 시점은 이때였다. 즉, 안철수 후보가 민주당 문재인 후보와 한배를 타겠다고 선언하자 안철수 호에서 이탈하는 지지자들이 본격적으로 늘어났던 것이다. 당시의 정치 평론가들 중에서도 경고하는 이들이 있었다. 문재인 후보가 안철수 후보의 손을 들어 주면 문재인 후보를 지지했던 지지층의 이탈은 미미하지만, 반대의 경우에는 안철수 후보 지지층의 상당수가 추가 이탈 (단일화 선언으로 이탈한 가운데 추가적으로 더 이탈한다는 의미) 할 것이라는 점을 지적했다. 그 우려가 타당했다는 것은 선거 결과로 증명되었다.

당시에도 현재도, 그 결과의 원인을 문재인 지지층은 전통적 야당 지지층이고 안철수 지지층은 양대 정당에 거부감을 가진 '중도 부동층 유권자'라는 것에서 답을 찾는 견해가 많다. 즉, '부동층 유권자'는 정치적 변화에 민감하게 반응하여 투표 성향이 바뀌는 계층이기에 단일화를 통한 결집에 용이하지 않았다는 말이다. 틀린 말은 아니지만 한국적 특수성을 구체적으로 드러내기에는 부족하다.

'부동층 유권자'는 영어로 '스윙보터(swing voter)'라고 한다. 그 의미는 '정치 상황과 이슈 그리고 선거 캠페인과 본인이 관심 있는 정책 등에 따라 그때그때 선택을 달리하는 유권자'(두산백과사전)를 뜻한다. 이념적으로는 '중도성향'이라고 표현하고 있다. 그런데 안철수를 지지했던 유권자들을 설명하는 의미로 그것이 충분할까? 본질적인 측면을 충분히 설명하고 있을까? 그들의 이념이 '중도성향'이라면 구체적으로 어떤 이념과 이념 사이의 '중도성향'이라는 것일까?

2012년에 안철수를 지지하여 '안철수 현상'을 만들었던 유권자를 제대로 알기 위해서는 (대한민국에 존재하는) 새누리당과 (대한민국에 존재하는) 더불어민주당의 정체성과 생존방식에 입각해서 분석하는 것이 필수다. 그래야 그 두 정당을 거부하고 '안철수를 지지했던 유권자'의 정체성을 제대로 알 수 있을 것이다. 그리고 그 '안철수를 지지했던 유권자'의 지지를 다시 받을 수 있을 것이다. 우연히 지지를 받았기에 어떻게 하면 그 지지를 지속시킬 수 있는지를 모른 채 떠나보낸 그들을 다시 부르기 위해서 꼭 그래야 한다. 그리고 그 과정에서 수면 위로 드러나는 "새누리당은 왜 승리하고 있을까?"를 포착해야 한다. 문제가 어려워서가 아니라 진실을 볼 용기가 부족했던 우리 스스로를 응시해야 한다.

역대 선거의 득표율과 각종 여론조사 기관에서 시행한 〈한국인의 이념성향 조사〉를 보면, 한국 유권자의 정치 성향은 대략적으로 이렇게 판단된다. 새누리당 지지층 40%, 더불어민주당 지지층(새누리당 반대층이라는 표현이 더 적절하다) 25%, 진보정당 지지층 5%, 중간층 유권자(이념적 중도층이 아니다) 30%. 이 구성으로 선거를 하면 새누리당은 중간층 유권자의 3분의 1만 확보하면 승리를 얻는다. 만약, 새누리당이 중간층을 반타작만 할 수 있다면 압승이 보장된다는 것이다. 지난 2012년 총선과 대선은 역대 최악의 평가를 받은 이명박 정권의 도움을 받아서 의외로 선전한 결과라고 볼 수 있다. 이런 지지층의 분포 자체를 바꾸지 않는다면 더불어민주당은 선거에서 승리하기 힘들다. 그렇다면 이 구성의 근본적 변화가 불가능한가? 나는 그렇지 않다고 본다. 왜? 이 구성은 새누리당이 만든 프레임(frame)에 영향을 받은 결과이고, 더불어민주당이 적극 협조한 결과이기 때문이다.

새누리당 지지층에서 3/4을 차지하는 30%의 유권자는 웬만해서 흔들리지 않을 것이다. 그들은 '전체주의, 반공주의'에 이끌리고 있는 이들이다. 그들에게 정치적 이념을 물어보면 스스로 '자유민주주의자'라고 하겠지만, 실상 이들이 소중하게 생각하는 것은 '전체주의 국가론'이나 '반공주의 국가론'이다. 강력한 국가의 권력으로 사회의 기강을 확립하여 '사회질서유지'와 '북한을 제압하는 국가안전'을 추구하는 것이 최고의 가치라고 여긴다. 그것을 이루기 위해서 자유, 평등, 인권, 사회정의, 민주주의가 다소간 침해되더라도 감수해야 한다고 믿는다. 대한민국의 경제규모와 교육수준을 고려할 때 지나치게 높은 비율을 차지하는 이유는 분단과 전쟁에서 기인한 바가 크다. 전체주의 국가론에 입각해서 통치했던 역대 독재자들이 그런 성향을 적극적으로 고무시키고 조장한 것은 물론이다. 이 30%는 강력한 콘크리트 지지층이다. 하지만 이들의 지지만으로 새누리당이 선거에서 이길 수는 없다.

더불어민주당을 지지하는 25% 유권자는 새누리당의 극우전체주의 속성에 명확하게 반대한다. 중간층 30% 유권자는 새누리당을 적극적으로 지지하지 않는다. 새누리당을 지지하지 않는 이유는 더불어민주당을 지지하는 25% 유권자들과 크게 다르지 않다. 그러나 그들은 더불어민주당 지지층으로 넘어가지도 않는다. 그 이유는 뭘까? 한국의 역대 극우반공 독재정권과 새누리당은 자유민주주의를 표방하면서도 자유주의의 이념과 가치를 수용하지 않았고, 민주주의의 가치와 제도를 제대로 실천하지도 않았다. 그 결과, 새누리당에 의해서 자유민주주의가 마치 '반공 국가주의'나 '극우 전체주의적'인 것처럼 오남용되었다. 군부정권을 종식하고 민간에 의한 통치를 표방한 김영삼 정부 이후 김대중 노무현 민주당 정부를 거치는 동안에도 새누리당의 근본적 성찰과 변화는 없었다. 여전히 '색깔론'과 '종북론'으로 정치적 반대자들을 공격하며 민주당 정부를 견제했다. 그리고 새누리당이 말했던 '빼앗긴 10년'을 떠나보내고 정권을 탈환하자, 시대를 거슬러서 과거 자신들이 집권했던 당시의 가치에 입각한 통치로 복원하고 있다.

중간층 유권자는 이 과정을 지켜보면서 '새누리당이 말하는 자유민주주의'가 '왜곡된 자유민주주의'라는 것을 (편차는 있겠지만) 인지한 유권자로 봐야 한다.

중장년의 중간층 유권자는 민주화와 산업화를 함께 경험한 사람들이다. 젊은 중간층 유권자와 함께 극우전체주의 성향의 정당에 만족하지 못하고 자유민주주의와 시장경제를 선호하는 계층인 것이다. 즉, 여타의 유권자 층보다도 자유민주주의의 가치를 뚜렷하게 선호하는 계층이다. **이런 이들을 '양쪽 이념 사이의 중도층'이나 '진보와 보수 사이의 중간층'이라고 보는 시각은 본질을 드러내는 것이 아니다. 그런 이유로 나는 이념적 중도의 포지션을 표현하는 '중도층'이 아니라 '중간층'이라는 용어를 사용한다. 현실정치에서 새누리당이나 더불어민주당을 지지하는 양대 지지층의 중간에 위치한다는 사실에 근거한 표현인 것이다.** 아울러 '중간층'에 '경제적 중산층'이 다수 포함되어 있다는 2차 의미도 있다.

대한민국에 존재하는 30% 가량의 스윙보터(swing voter)는 '자유민주주의를 지향하는 중간층 유권자'인 것이다.

안철수 지지자들이 문재인에게 투표하지 않은 이유

30%의 중간층 유권자가 자유민주주의적 가치를 선호한다고 하더라도 새누리당의 '가짜 자유민주주의 프레임'에서 벗어난 것은 아니다. 새누리당의 '가짜 자유민주주의 프레임'은 이들에게도 여전히 영향을 미친다.

이들은 새누리당의 부패, 독재, 극우보수적 행태에 거부감을 가지고 있다. 그러나 이들이 더불어민주당의 지지층으로 전환될 수 없도록 새누리당은 프레임 작업을 하고 있다. '(그래도) 새누리당은 자유민주주의를 지향하지만 더불어민주당은 이념적 정체가 불명확하고 무능한 정당'이라는 것을 집요하게 프레임으로 만들고 있는 것이다. 즉, 새누리당의 '비자유민주의적 행태'에 의구심을 가진 중간층에게 새누리당이 추구하는 미래 지향성이 '자유민주주의'라는 것을 세뇌시키는 것이다. 그리고 명확하게 자신의 정체성을 드러내지 않는 더불어민주당을 불안하게 생각하도록 만드는 것이다. 그것으로도 충분하지 않을 때 새누리당은 중간층 유권자들이 투표를 기권하도록 유도하는 전략을 사용한다. 새누리당은 '종북 공세'를 선거 단골메뉴로 사용하고, 필요하면 진보정당의 일부 세력이 가진 '친북성향'을 크게 부각하기도 한다. '공포의 확산'을 통해 '체제 불안과 사회혼란'을 부추겨서 중간층 유권자들이 더불어민주당을 선택할 수 없도록 만드는 것이다.

그 결과, 30% 가량의 중간층 유권자는 양대 정당이 모두 만족스럽지 않기에, 선거 시기에 덜 미운 정당에 표를 주거나 기권을 하고 있는 셈이다. 반면, 새누리당 지지층의 1/4에 달하는 10%의 유권자는 '자유민주주의를 명확하게 표방'하는 정당인 새누리당이 주는 안정감에 소극적으로 견인되어 있는 상태다.

진보와 보수를 선택하라고 기본 질문을 하는 여론조사 기관의 〈한국인의 이념 성향 조사〉로 잘 드러나지 않는 진실이다.

즉, **'자유민주주의를 지향하는 중간층 유권자'** 는 〈자유민주주의를 표방하는 비자유민주주의(illiberal democracy)정당인 새누리당〉과 〈자유민주주의를 표방하지 않는 자유민주주의(liberal democracy) 정당인 더불어민주당〉에 모두 만족하지 못하는 유권자다. (물론, 중간층 유권자들이 스스로 이런 점들을 자각하고 있는 것은 아니다. 왜? 새누리당이 만들고 더불어민주당이 협조하는 '가짜 자유민주주 프레임'이 효과적으로 기능하고 있기 때문이다.)

2012년 대통령선거에서 '안철수 현상'을 만들었던 주축 유권자들이 바로 이들이다. 30% 중간층 유권자를 중심으로 새누리당 지지층의 1/4을 차지하는 10% 유권자의 일부가 가세한 것이다. 그것이 얼마나 위험한 상황이라는 것을 새누리당 선거 전략가들은 잘 알고 있었다. 때문에 민주당 문재인 후보에 대한 공세를 자제하고 모든 수단을 사용하여 '안철수 흠집내기'에 집중했다.

자유민주주의를 표방하지만 수용하기 어려운 극우보수 정치경제 노선을 걷는 새누리당에 대한 불만, 새누리당을 비판하지만 불안정한 이미지를 축적해 온 더불어민주당에 대한 불신이 함께 누적되어 양당(양당 체제)에 대한 피로도가 극심한 상황에서 18대 대통령선거가 다가왔다. 이 때 등장한 안철수에게서 이들은 무엇을 보았을까? 더불어민주당과 다르게 의심할 수 없는 자유민주주의자로 보였던 것이고, 새누리당의 극우전체주의 성향과 다른 공정한 시장경제주의자로 보였을 것이다. **'자유민주주의를 지향하는 중간층 유권자'**의 내면적 갈등을 해소할 수 있는 인물로 보였던 것이다(물론 세상일에는 한 가지 이유만 있는 것은 아니다. 안철수가 가진 성공스토리, 대중적 이미지, 기득권 기성 양당의 낡은 정치문화에 대한 반작용도 영향을 미쳤다). 더불어민주당에 실망한 더불어민주당 지지층의 일부도 안철수 지지로 돌아서기도 했다. 즉, '자유민주주의를 지향하는 중간층 유권자'의 갈등이 안철수를 통하여 분출되었던 것이다.

이것은 안철수가 만든 것이 아니다. **문제는 안철수는 '안철수 현상'이 뭔지 몰랐다는 것이다.**

이제 지난 2012년 대선과 관련된 의문의 답이 나왔다고 본다.

안철수가 더불어민주당 문재인 후보와 함께 하는 단일화를 선언하자 안철수 지지층이 이탈했고, 문재인으로 후보 단일화가 이루어지자 안철수 지지층의 추가 이탈이 있었던 이유는 명백하다. **'자유민주주의를 지향하는 중간층 유권자'**들의 상당수는 더불어민주당 후보를 지지하는 것은 자신들이 안철수를 지지했던 이유를 부정하는 것이라 판단했을 것이다. 자신들이 새누리당을 지지하는 것은 아니므로 이왕에 지지한 안철수의 선택을 존중하겠다는 일부, 안철수를 지지했으나 이전에 더불어민주당 지지층이었던 유권자만 문재인 후보에게 간 것이다. 이런 이유로 (문재인은 억울할지 몰라도) 안철수가 단일 후보가 되었다면 선거 결과는 달랐을 것이라는 평가를 하는 것이다. 더불어민주당 지지층은 새누리당을 반대하는 것을 우선 가치로 생각하기 때문에 단일후보 안철수에게 표를 던지는 것을 주저하지 않았을 것이다.

여기서 우리에게 중요한 점은 두 가지다.

하나, 정당 지지층 분할 구도 자체가 새누리당이 만들고 더불어민주당이 협조한 '가짜 자유민주주의 프레임' 의 결과라는 것이다.

또 하나, 안철수 현상을 통해서 새누리당이 만든 '가짜 자유민주주의 프레임' 의 구도가 일시적으로 흔들렸다는 사실이다. 정권교체에 실패했다고 해서 모든 것이 없었던 일이 되는 것은 아니다. 우리가 이 두 가지에서 문제 해결의 답을 찾는다면 얻는 것이 있기 때문이다.

'가짜 자유민주주의 프레임' 이 만든 〈40 - 25 - 5 - 30〉의 틀이 깨어지지 않는다면 새누리당은 앞으로도 승리할 것이다. '안철수 현상'은 이 틀을 바꿀 수 있다는 것을 보여 주었다. 그러나 야당은 안철수 현상이 담고 있는 의미를 제대로 해석하지 못했다. 그러면서 지난 대선 이후의 시간을 허송세월로 보내고 다시 2016년 총선과 2017년 대선을 맞이하려 하고 있다. 현재의 안철수가 더불어민주당을 탈당하여 국민의당을 만들었다고 이 틀이 깨어지는 것은 아니다. 〈40 - 25 - 5 - 30〉의 분할구도는 제3신당이 지지율을 확보할 수 있는 토대가 마련된 체계다. 그러나 그것은 거꾸로 함정이 될 수도 있다. 30%의 중간층의 일부는 조건반사적으로 자신들의 정체성에 어느 정도 부합되는 3당에게 갈 수 있다. 그러나 여전히 일부는 새누리당에 간다. 그리고 일부는 더불어민주당에도 갈 것이다. 즉, 3자 대결이 펼쳐지면 새누리당이 양자대결의 경우보다 더 적은 중간층 표를 가져가도 새누리당은 승리할 수 있게 되는 것이다.

〈40% + 알파〉/〈25% + 알파〉/〈30%–두 개의 알파〉의 구도가 만들어지는 셈이다. 30%의 중간층 유권자를 새누리당 8%, 더불어민주당 8%, 국민의당 14%로 나눈다고 가정해보자. 여기서 충성도가 약한 1/4 새누리당 지지층의 일부(3%로 가정)가 국민의당으로 이탈할 것이다. 더불어민주당의 계속된 패배와 성찰하지 않는 모습에 실망한 지지층의 일부(3%로 가정)도 국민의당으로 이탈할 수 있다. 이 요소까지 보정하여 가상의 지지율을 예측해 보자. (물론, 이후에 각 정당이 어떤 능력을 보이는 가에 따라서 당연히 크게 변화될 수 있다. 고유한 한국 정치의 역동성이 발휘될 수도 있다.)

⟨40%+8%–3%⟩ / ⟨25%+8%–3%⟩ / ⟨30%–8%–8%+3%+3%⟩ 의 결과는 ⟨45%/30%/20%⟩가 되는 것이다. (이것은 국민의당이 서툰 행보를 보이지 않는 것을 가정한 예측이다. 만약 국민의당이 서툰 행보를 보인다면, 중간층 유권자의 투표율은 낮아질 것이다.) 결국, 오랫동안 강력하게 존재했던 양당 구도는 흔들릴 수도 있겠지만 새누리당의 우세는 바뀌지 않는다. 두 야당 중에 하나의 정당으로 유권자의 전략적 표 쏠림이 심화될 여지도 있고, 야권연대 등을 통해서 구도의 변화를 꾀할 수도 있다. 하지만 문재인과 안철수의 단일화로 패배했던 18대 대선, 야권연대로 패배했던 19대 총선에서 이미 확인했다. 1+1=2가 아닌 1+1=1.5라는 것이다. 근본적인 변화를 만들어야 한다.

유권자의 정치의식을 포박하고 있는 '가짜 자유민주주의 프레임' 을 해체해야 한다. 그것은 새누리당의 프레임을 부정해서 가능한 것이 아니다. 새로운 프레임을 만들어서 유권자의 가치관에 접목되어야 한다.

현재 국민의당은 한국 정당정치의 내재적 모순, 더불어민주당에 대한 호남유권자들의 불신에 힘입어서 거의 자연발생적인 지지를 받고 있다. 그러나 안철수는 이미 스스로 '안철수 현상'을 붕괴시킨 전력이 있다. 국민의당은 여전히 '안철수 현상'이 담고 있는 의미를 제대로 이해하지 못할 가능성이 높고, 더불어민주당도 그 의미를 아직 파악하지 못하고 있다.

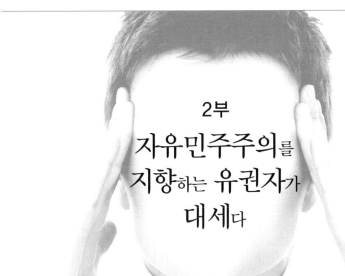

2부

자유민주주의를
지향하는 유권자가
대세다

1 박근혜 대통령은 '가짜 자유민주주의 프레임'으로 승리했다

2012년 12월 19일 대선에서 새누리당이 승리한 이유는 뭘까?

안타깝게도 더불어민주당은 자신들이 패배한 이유를 열심히 찾았지만, 당내 계파끼리 상대의 잘못만을 비판하다가 '대선 패배의 원인'에 대한 규명과 합의를 이루지 못했다. 그리고 수년 동안 내부 분쟁으로 혼란에 빠져 있었다.

이럴 때는 관점을 바꿀 필요가 있다. '새누리당은 어떻게 승리했을까?' 더불어민주당이 패배하는 이유와 마찬가지 결론이겠지만, 경치가 더 잘 보이는 창문은 있는 법이다.

지난 2012년 12월 대통령 선거를 살펴보자.

대통령 선거에서 박근혜 캠프가 발표했던 공약 중에 가장 기억에 남는 것은 무엇인가?

가장 기억에 남는 공약이 '경제민주화'와 '한국형 복지체계 구축'이었다. 실제로도 대표 공약 중에 가장 앞장 세웠다. 더불어민주당은 지켜지지 않는 이 공약을 비판하고 있지만, 아직도 그 함의를 제대로 읽지 못하고 있다.

새누리당 박근혜 캠프는 '경제민주화'와 '한국형 복지체계 구축'을 무슨 이유로 가장 전면에 내세웠을까? 물론, 표를 받기 위해서 그랬을 것이다. 저 공약이 표를 받기 위해서 꼭 필요하다고 여긴 이유는 무엇이었나? 그냥, 공약 그 자체로 훌륭해서일까? 박근혜 후보의 가치관과 무관한 저 공약을 앞장세운 것은 한국 사회 유권자의 이념 성향과 새누리당의 약점을 제대로 분석하여 준비한 선거용 전략이었다. 그냥 나온 것이 아니다. 새누리당이 선택할 수 있는 범위 안에서 제일 진보적인 경제 전문가인 김종인 전 의원을 공동선거대책 위원장으로 영입한 것은 이미 탁월한 전략적 판단이었다.

뭘 하려고 그랬던 것일까?

이제 새누리당은 정상적인 '자유민주주의 정당'이 될 것이라고 말하고 싶었다.

이것이 핵심이다! 그렇게 보이기 위해서 김종인과 이상돈을 영입하고, 김종인의 지휘 아래 만든 경제 민주화 공약을 내건 것이다. 새누리당과 박근혜 후보가 김종인의 생각을 받아들이고 말고는 중요한 것이 아니었다. 자신들의 공약은 자신들과 다른 가치에 입각한 사람이 만든 공약이어야 했던 것이다. 그러므로 새누리당의 다수와 박근혜 후보는 당연히 공감할 수는 없었겠지만, 선거에서 승리하기 위해서 꼭 필요한 핵심 요소라는 것은 알았던 것이다. 새누리당은 옳지 않은 정당이지만 선거에서 이길 줄 아는 정당이었던 것이다.

뭘 알고 그랬을까? 한국 유권자의 압도적 다수는 자유민주주의를 선호한다. 그러나 문제는 새누리당의 지나친 극우전체주의 성향으로 인해서 새누리당을 정상적인 자유민주주의 정당으로 보지 않는 유권자가 많다는 것을 알았던 것이다. 특히, 승부를 결정할 중간층 유권자를 설득하기 위해서는 그 약점을 꼭 해결해야 한다는 것을 알았던 것이다. 아킬레스건을 보완하기 위해 꼭 필요한 수를 둔 것이다.

새누리당이 이 전략의 성공을 위해서 얼마나 심혈을 기울였는지 알 수 있는 것은, 이러한 전략적 밑자락을 2012년 연말 대선이 있기 전 2012년 4·13 총선에서 이미 실행했다는 것이다. 이때부터 시작한 '100% 대한민국'이다. 이전 극우보수적인 새누리당 색채를 희석하기 위한 것이었다. 국민 화합과 통합을 모색하다는 명분을 내세우며 지역정가의 반대에도 불구하고 운동권 출신의 하태경을 부산에 전략 공천했고, 핵심 지지층의 거부감에도 불구하고 필리핀 이주여성인 이자스민을 비례후보로 공천했고, 건전하고 평범한 젊은이를 상징하는 손수조를 전략 공천했다. 자신들의 구부러진 숟가락을 펴기 위해서 반대편으로 구부러져 보이는 인물들이 필요했던 것이다. 이러한 일관된 선거전략 하에 대통령선거에서 김종인 선대위원장을 중용한 것이었다.

물론, 한국의 선거에서 양당은 중간층 유권자를 얻기 위하여 서로 노력을 해왔다. 하지만 더불어민주당은 본질을 보지 않고 피상적인 접근에 머물러 왔다. 지난 2012년 총선에서 더불어민주당은 새누리당의 전략적 접근과는 다르게 '노이사 공천'으로 오히려 중간층에 환멸을 주고 지지층을 수축시키는 행보를 보였다. 노:노무현과 함께했던 운동권 세력, 이:이화여대 운동권 출신인 한명숙 대표의 인맥, 사:486 학생운동권 출신을 우대하는 공천을 했다. 공천의 민주성에 대한 문제점을 떠나서 보더라도 오히려 외연을 좁게 하여 중간층 유권자들에게서 멀어지는 공천을 한 것이다. 총선 패배에도 불구하고 더불어민주당은 근본적 성찰을 등한시한 채로 총선 패배의 주역들을 중심으로 대통령 선거를 맞이했다.

2012년 대선, 새누리당은 야권 단일후보로 누구를 원했을까?

그때 안철수가 대통령선거 출마를 선언한 것이다.

이 극적인 상황이 담고 있는 핵심 의미는 두 가지였다. 새누리당은 두 가지를 다 아는 듯했고, 더불어민주당은 표피적으로 한 가지만 아는 듯했다. 더불어민주당이 알았던 한 가지는 거대 양당의 '적대적 공생'의 정치에 환멸을 느낀 유권자들이 안철수 지지로 모이고 있다는 것이었다. 그러나 더불어민주당은 자신들을 중심으로 하는 단일화를 통해서 안철수 지지 유권자들을 흡수할 수 있다고 봤다. 그러나 새누리당은 안철수를 중심으로 더불어민주당과의 단일화가 이루어지는 경우만이 자신들에게 위험하다는 것을 정확하게 알았다. 안철수가 출마를 포기하거나, 단일화가 이루어진다면 더불어민주당이 원하는 단일화가 되기를 간절하게 기대했다. 그렇게 만들기 위해서 전략적으로 접근했다. 더불어민주당은 자신들의 기득권과 주도권이 손상되지 않는 자신들 중심의 단일화에 몰두했다. 그러므로 새누리당과 더불어민주당은 최종 목표는 달랐다고 해도 이 부분에서 또 '공생의 파트너'가 되었던 것이다.

안철수의 출마 선언으로 대선 판이 출렁거린 이후로 새누리당은 더불어민주당 문재인 후보에게 관심을 가지지 않았다. 오로지 안철수 후보를 집중 공격했다. 새누리당이 안철수를 얼마나 두려워했는지를 알 수 있는 상징적 사건이 '정준길의 금태섭 협박 사건'이다. 새누리당의 정준길이 안철수의 측근인 금태섭을 통해서 안철수의 불출마를 유도한 사건이다. 사실이 아닌 것으로 드러난 안철수의 뇌물문제과 여자문제를 이용한 협박 사건이었다. (새누리당에 우호적인 언론방송은 금태섭이 친구인 정준길과의 우정을 배신한 사람으로 몰고 가기도 했다.) 야권 후보가 난립하면 여당 후보에게 유리하다는 것이 통념인데, 새누리당은 더불어민주당 외에 추가적으로 출마하는 야권 후보의 출마를 막기 위해서 노력한 것이다. 이유가 뭘까?

새누리당은 안철수의 출마가 불러올 구체적 의미도 알고 있기 때문이었다. **'자유민주주의를 강하게 지향하는 중간층 유권자'** 30%가 자신들의 정체성에 근접하는 후보를 찾았다는 뜻이고, 중간층 유권자와 유사한 성향이지만 새누리당의 지지층으로 견인되어 있는 10%의 유권자도 흔들릴 것이라는 것을 안 것이다.

그러므로 새누리당은 안철수의 출마가 현실화되자 안철수에 대한 공격과 의혹 제기를 통해서 그의 지지율 상승을 억제하는 데 온 힘을 다했다. 그것이 야권후보 단일화가 되더라도 더불어민주당 문재인 후보로 단일화가 될 가능성을 높이는 길이었기 때문이다. 아울러 '조중동'은 물론이고 모든 친여 매체가 안철수에 대한 의혹제기와 검증에 몰두했다. 재미있는 것은 진보성향의 친야 매체도 친여 매체를 따라서 안철수에게 불리하고 문재인에게 유리한 보도를 확연하게 선보였다는 것이다. 대표적인 진보 인터넷 매체는 안철수가 광주 전남대에서 '후보 단일화 선언'을 한 그 날의 헤드라인에서도 문재인을 안철수 보다도 앞세운 편집을 했다.

안철수는 '안철수 현상'의 의미를 몰랐다. 안철수는 '안철수 현상'을 기존 양당의 '대결 정치'에 환멸을 느낀 유권자들의 새(정치)바람 정도로 이해했다. '안철수 현상'의 바닥에 흐르는 정치적 의미를 읽지 못했다. 그러므로 새누리당과 민주당의 협공에 공격당하면서도, 자신을 지지했던 유권자들에게 비전을 제시할 수 없었다. 그러므로 지지율은 떨어졌고, 떨어지는 지지율은 단일화 선언으로 이어졌고, 단일화 선언은 다시 지지율을 추락시켰다. **자유민주주의를 지향하는 중간층 유권자**가 원하는 가치에 입각한 프레임을 만들 수 없었던 것이다.

단일화 협상이 양측의 의견 차이로 결렬을 거듭한 끝에 '문재인 야권 단일후보'가 탄생했다.

그리고 그 결과는 우리가 아는 바다. 안철수를 지지했던 유권자는 시간이 지날수록 축소되었고 후보단일화 이후에는 문재인 지지로 이동하지 않고 대거 이탈했다. 그 결과를 "안철수가 더 열심히 돕지 않았기 때문" 이었다는 식으로 해석하는 것은 본질적이지 않다. 그것은 애초에 그럴 수밖에 없도록 설계되어 있던 안철수 지지층의 정치 이념적 성향에서 비롯된 것이었다.

더불어민주당은 바탕에 흐르는 인과관계를 모른 채 자신들의 기득권에 연연하는 선거를 했을 뿐이다. 그것이 2012년 총선에서 더불어민주당이 했던 '노이사 공천' 이었고, 그것이 2012년 대선에서 더불어민주당이 만든 '후보단일화' 였다.

새누리당이 더불어민주당이나 안철수와 다르게 현명했던 것은 스스로의 정체를 잘 알고 있었던 것이다. 자신들이 만드는 공약으로는 극우보수주의자인 자신들을 자유민주주의자로 화장할 수 없다는 것을 알았다. 김종인은 그 역할을 충실히 수행하고 퇴출된 것이다. 그리고 새누리당 정권은 전혀 망설이지 않고 다시 자신들의 정체성으로 돌아갔다. 그러나 다음 대통령 선거에서 새누리당은 다시 자유민주주의 정당으로 변신할 것이다.

2 구부러진 숟가락
반대로 펴기

안철수의 탈당으로 드러난 '중간층의 존재감'

2015년 12월 13일, 안철수 의원은 더불어민주당을 탈당하고 신당 창당을 선언했다. 2012년 대통령선거에서 더불어민주당 문재인 후보와 단일화를 이루고, 이후에 더불어민주당과 합당을 통하여 '새정치민주연합'을 창당했던 안철수가 당을 떠난 것이다. 페이스북의 내 친구들은 안철수의 몰락을 예견했었다. 더불어민주당 문재인 당 대표 세력이 문제가 있다고 하더라도, 정상적인 전당대회를 통해서 선출된 당 대표에게 전당대회를 다시 하자고 요구하는 것은 민주적 원칙에 맞지 않았다. 명분이 부족한 상태에서 지지부진한 야당을 반 토막 내는 안철수의 행보를 야권지지층이 지지할 리가 없다는 것이었다. 일견 일리 있는 예상이었다.

그러나 나는 그렇게 보지 않았다. 집권 가능성이 없어 보이는 제1야당에 실망하고 있는 호남 유권자를 중심으로 한 야권 지지층의 이동도 있을 것이고, 중간층 유권자의 상당수가 여전히 안철수를 지지할 것이라 예상했다. 새정치민주연합을 탈당한 안철수는 당 내에 남아 있을 때보다 그들에게 더 매력적인 선택지가 될 것이라 봤기 때문이다. 박근혜 정권의 극우보수적 통치행위와 여전히 자기 정체성을 정리하지 않은 더불어민주당 모두에게 만족하지 못하는 2012년 '안철수 현상'의 주역들이 건재했기 때문이다.

안철수의 탈당 직후 안철수 신당은 예상보다 더 높은 지지를 받았다.

그렇다면 '국민의당'으로 명명된 안철수 신당은 **자유민주주의를 지향하는 중간층 유권자**'의 지지를 바탕으로 순항할 것인가? 나는 그렇지 않다고 본다. 왜? 안철수는 '안철수 현상'의 본질을 아직도 정확하게 보지 못하고 있기 때문이다. (안철수는 이 중간층 유권자들이 새누리당과 더불어민주당 사이의 중간쯤을 선호한다는 생각에 빠져 있는 듯하다.) 물론 더불어민주당도 '안철수 현상'의 본질을 모른다.

이 책을 처음 구상하고 집필을 시작했을 때는 제1야당이 분열되지 않고 내부 갈등이 치열했었다. 그러나 안철수의 탈당과 신당 창당 등으로 야권의 상황이 급변했다. 부득이 내용을 수

정해야 하는 상황에 봉착했다. 그러나 탈당한 직후 일시적이지만, 안철수가 몰락한 것이 아니라 더불어민주당과 어깨를 나란히 하는 지지율을 기록했다. 1부에서 전술한 나의 견해가 옳다는 점을 다시 확인했다. 다가오는 총선과 대선이 2012년의 재판이 되는 것이 우려되어 이 책의 집필을 중단할 수 없었다.

더불어민주당이든 국민의당이든 현 한국사회를 정상화시키기 위한 기본 맥락을 제대로 잡아야 한다. 한식집에서 자장면을 팔고 양식집에서 된장찌개를 팔고 있는 한국 정당정치의 비상식을 바로잡는 것이 시급하다. 그것이 이루어질 때 정책 경쟁, 노선과 비전의 경쟁이 본격화될 수 있을 것이다. 비정상은 비정상을 부른다. '새누리당의 가짜 자유민주주의 프레임'이 지배하는 사회에서 자장면 맛을 논하고 된장찌개 맛을 논하는 것은 불가능하다.

프레임을 재구성해야 한다. 그것이 바로 사회적 변화의 출발점이 될 것이고, 야당이 선거에서 이길 수 있는 운동장이 될 것이다.

2012년 총선의 추억, 빨간 점퍼

대학생 정도로 보이는 두 젊은이가 나란히 앉아서 국밥을 먹고 있다.

두 젊은이는 빨간 점퍼를 입은 채 웃고 있었다. 한 젊은이는 새누리당의 비상 최고지도부였던 '비상대책위'의 이준석 위원이었고, 한 젊은이는 제1야당의 대통령 후보로 유력했던 문재인 민주당 후보와 부산 사상 지역구에서 경쟁하는 손수조 후보였다. 인터넷에 올라온 보도 사진이었다. 나는 이 상징적인 사진을 보고 총선에서 새누리당이 압승하리라 예감했다.

2012년 총선을 앞두고 한나라당은 당명을 새누리당으로 바꾸고, 상징 색을 빨간색으로 바꾸었다. 이것은 새누리당의 일관된 재집권 전략의 맥락에 따른 선전이었다. 새누리당의 '가짜 자유민주주의 프레임'이 흔들리지 않도록 하기 위한 일환이었던 것이다. 새누리당은 선거가 다가올수록 자신들의 극우보수 성향, 전체주의 성향, 사대수구 성향을 희석하는 '구부러진 숟가락 반대로 펴기'에 능한 정당이다. 빨간색은 혁명의 색이라 할 수도 있고, 좌파나 공산주의를 상징하기도 하는 색이다. 자신들이 '종북 세력'이라고 매도하는 사람들을 오랫동안 '빨갱이'라고 공격하지 않았나. 그러나 극우적 행태를 보여 온 자신들이 빨간색을 사용하면 '상징 조작'이 일어난다는 것을 아는 것이다. '구부러진 숟가락 반대로 펴기'가 이루어져 균형을 잡아가는 듯한 심리적 효과를 주는 것이다.

낡고, 오래되고, 권위적이고, 전체주의적인 이미지를 희석하기 위해서 20대 청년인 이준석을 최고지도부로 영입했다. 20대 여성인 손수조를 야당 대통령 후보와 경쟁을 시켜서 야당 대통령 후보를 오히려 늙어 보이게 만들었다. 새누리당의 이미지를 젊고 신선한 당으로 포장한 것이다. 정상적인 정당으로 이미지 업을 한 것이다.

더불어민주당, '가짜 자유민주주의 프레임'의 충실한 조력자

반면에 민주당은 어떻게 했나? '노이사 공천'을 했고, 통합진보당과 야권연대를 했다.

양당이 더 많은 지분을 확보하기 위한 이전투구로 지루한 협상을 했다. '경기동부'라 지칭되는 계파를 대표하는 통합진보당 당대표는 민주당 후보와의 단일화 경선에서 편법을 사용한 것이 드러났다. 총선이 끝나자마자 통합진보당 비례후보 선출과정의 편법과 부정이 드러나서 온 국민의 지탄을 받았다. 통합진보당과의 야권연대는 선거가 끝난 이후에도 새누리당의 공격 소재로 사용되고 있다. 정치공학적으로 어쩔 수 없었다고 해도 민주당은 진보정당과의 야권연대로 인한 리스크가 컸다.

'노이사 공천'의 특징 중에 하나는 운동권을 우대한 공천이었고, 민주당 비례후보 공천도 같은 맥락에서 진행되었다. 민주당 비례후보 공천은 운동권 출신, 시민단체 출신, 진보 명망가 출신을 중심으로 이루어졌다. 그들이 국회의원이 되면 안 된다는 뜻이 아니다. 과도한 편향을 말하는 것이다.

선거에 임박해서도 새누리당이 만드는 '가짜 자유민주주의 프레임'의 충실한 조력자는 바로 민주당이었던 것이다. 새누리당은 선거용으로 '구부러진 숟가락 반대로 펴기'를 하면서 '가짜 자유민주주의 프레임'을 강화했다. 근데, 평소에 새누리당에게 종북 세력으로 비판받던 민주당은 '구부러진 숟가락을 더 구부러지게' 보이기 위한 노력을 했다. 새누리당이 국민들의 의식 속에 인식시키고 싶은 '가짜 자유민주주의 프레임'의 한 축으로 자발적으로 참여했다.

오해를 피하기 위해서 강조한다. 내가 말하는 '자유민주주의'는 한국 정치권에서 두루뭉술하게 표현하는 '보수'가 아니다. 또, **'자유민주주의를 지향하는 중간층 유권자'**는 결코 보수적이지 않다.

두 가지를 거부하고 있을 뿐이다.

하나, 자유민주주의자가 아니면서 자유민주주의를 외치는 새누리당과 자유민주주의를 명확하게 표방하지 않는 정체성이 혼란스러운 더불어민주당을 거부하는 것이다.

하나, 그 양대 세력이 정치 기득권을 독점하는 낡은 정치 체제를 거부하는 것이다.

이렇게 현 정당과 정당정치의 모순을 비판적으로 인지하는 중간층은 진보적인 세계관을 지닌 이가 많을 수밖에 없다. 즉, 스스로 진보적이라고 생각하는 이들이 상대적으로 높은 비율로 포함되어 있다. 물론, 상대적으로 보수적 성향의 유권자와 정치 혐오층도 포함되어 있다. 정치 혐오층을 제외하고 조금 나누어서 보자.

상대적으로 보수적 성향을 가진 중간층은 더불어민주당의 불명확한 정체성에 불안을 더 느끼지만 새누리당의 극우보수적인 행태를 지지하는 것은 아니다. 상대적으로 진보적 중간층은 새누리당의 극우보수 정체성에 더 반대하지만 더불어민주당의 불명확한 정치 노선을 지지하는 것은 아니다. 그리고 이렇게 문제 있는 양 세력이 함께 적대적 공존을 하는 정당정치 자체를 불신하는 것이다. 이들은 '스마트한 중간층'이다. 그러므로 무엇을 기다리겠는가?

'자유민주주의와 진보'를 갈망한다. 더 적확하게 말하자면 '자유민주주의와 진보, 진보적 자유민주주의'가 이들의 지지를 함께 받을 수 있는 최대 공약수다. 이들은 자유민주주의 정당이 아닌 '극우보수 새누리당'과 '정체불명 더불어민주당'을 지지하지 않는 것이다. 적대적 공생의 정치를 하는 새누리당과 더불어민주당의 낡은 정당정치 구조를 거부하고 있는 것이다.

이 글을 보는 사람 중에 이런 의문을 가지는 사람들이 있을 것이다. 중간층이 '자유민주주의와 진보', '진보적 자유민주주의'를 갈망한다는 말은 너무 단정적이지 않을까? 근본적으로 중간층이 꼭 자유민주주의를 지향한다고 볼 수 있을까? 또는 그들이 자유민주주의를 개념적으로 이해하고 있고, 자유민주주의를 중요하게 생각할까?

이와 관련된 이야기는 다음 장에서 자세하게 하겠다.

3 '이념'을 무서워하는 더불어민주당

　안철수가 탈당하여 신당을 만들면 안철수 세력은 몰락하고 더불어민주당은 지지율 분산에 의해서 피해를 입을 것이라 예상하는 사람이 많았다. 총선과 대선에 치명적 악재가 될 것을 두려워했다. 그런 예상을 하는 사람이 누구였을까? 더불어민주당 소속 국회의원, 더불어민주당 당직자들, 야권 성향의 정치평론가 대다수가 그런 걱정을 했다. 탈당 직후 안철수 신당은 약진했고, (그들에게) 놀라운 것은 새누리당 지지층의 일부도 안철수 신당에 흡수되었다는 것이다. 패배했던 2012년 총선거와 대통령 선거를 더불어민주당이 얼마나 비과학적으로 접근했는지를 엿볼 수 있는 지점이다.

　더불어민주당 의원들이 탈당한 안철수를 견제하기 위해서 한 말 중에 웃음이 나는 말이 있었다. "안철수는 7,80년대에 민주화 운동을 하지 않고 유복하게 살았다"는 비판이었다. 국민의당에 기대하는 사람들은 전혀 중요하지 않게 생각하는 것을 떠들고 있는 셈이다. 물론, 국민의당이 중간층 유권자들의 지지를 계속 받을 수 있을지는 장담할 수 없다. 그러나 더불어민주당의 그런 낡은 발상은 중간층에게서 더 버림받을 수 있는 관념이다. 더불어민주당이 이런 낡은 '운동권 순혈주의' 적인 사고에서 벗어나지 못한다면 미래는 없다. 그런 과거 지향적인 사고방식으로 어떻게 새로운 세대를 이끌 수 있겠는가? 안철수 신당의 주요 기반은 **'자유민주주의를 지향하는 중간층 유권자'** 라고 했다.

자유민주주의를 지향하는
중간층들이 원하는 것은 뭘까?

30%에 달하는 이들은 결코 적지 않다. 혹자는 이들의 낮은 투표율을 지적하면서 실제 영향력을 과소평가하기도 하지만 그렇지 않다. 지지하는 특정 정당이 없는 상태이기에 투표율이 떨어지는 것은 당연한 것이다. 정치에 관심이 없는 층이 결코 아니다. ("한국 사람은 정치에 너무 관심이 많아!" 라는 말이 있던 나라에서 무당파 중간층이 늘어난 것이다.)

이들이 중요한 이유는 따로 있다. 자유민주주의를 지향하는 유권자의 지지를 받는다는 것은 새누리당의 지지층 일부를 빼앗아올 수 있다는 뜻이다. 중간층이 움직이면, 어쩔 수 없이 새누리당을 지지하고 있지만 극우전체주의에 포획되지 않은 10%가량의 지지층도 흔들릴 것이다. 제3의 신당이 이것을 해낸다면 더불어민주당의 지지층 일부도 신당으로 이동하게 될 것이다. 반면에 더불어민주당이 '자유민주주의를 지향하는 중간층 유권자'의 지지를 받는다면 극우보수 정당인 새누리당을 압도하는 정당이 될 것이다. 그러나 더불어민주당은 그런 가능성을 오랫동안 보여주지 못했다. 그 와중에 안철수 신당이 국민의당으로 창당된 것이다.

그렇다면 이 중간층들이 원하는 것은 뭘까? 이들은 특정 연령대에 국한되어 있지 않고(상대적으로 노년층에 조금 적을 뿐이다), 특정 지역에 국한되어 있지 않다. 중산층의 비율이 높지만 특정 직업군에 편중되어 있지 않다.

기실 '이 중간층은 어떤 사람들일까?'라는 질문은 효과적이지 않다. '이 중간층들이 원하는 것은 뭘까?'가 더 실용적 질문이다.

이들은 원하는 것이 있는 사람들이다. 바꾸어 말하자면 현 정당들이 원하는 것을 충족시켜 주지 못하는 것에 강한 불만을 가지고 있는 사람들이다. 이제 표현을 바꾸어서 설명하겠다.

이들은 A:성장하는 시장경제를 원하지만, B:공정한 시장경제를 지지한다.

이들은 A:자본주의를 선호하지만, B:재벌과 특권기득권층만을 위한 자본주의를 반대한다.

이들은 A:북한공산주의를 반대하지만, B:자유롭고 민주적인 사회를 갈망한다.

1) 자신들의 A 때문에 더불어민주당의 혼란스러운 정체성을 지지할 수 없다.

2) 자신들의 B 때문에 새누리당의 특권기득권 경제와 극우 전체주의 정치성향을 지지할 수 없다.

문제는, 이들의 2)는 지극히 합당하지만 이들의 1)은 새누리당이 유포하고 더불어민주당이 방치한 '가짜 자유민주주의 프레임'이 영향을 미친 결과라는 것이다.

1)은 '새누리당의 가짜 자유민주주의 프레임'이 더불어민주당의 정체성을 의심하게 만드는 데 성공했다는 뜻이고, 그것은 1부에서 전술했듯이 더불어민주당의 실용적이지 못한 대처의 결과이기도 하다. 스스로 자신들의 정체를 크게 외치지 못하는 정당을 의심하는 것은 충분히 가능한 일이다. 물론, 그 외에도 더불어민주당의 무원칙하고 무능한 정치행태가 그 의심에 더

해져서 이들은 더불어민주당을 지지할 수 없었다.

2)는, '새누리당의 가짜 자유민주주의 프레임'으로만 새누리당이 정상적인 자유민주주의 정당이라는 것을 설득하는 데 한계를 보인 것이다. 집요한 프레임 작업에도 불구하고 새누리당의 상시적 속성인 '극우보수주의 정치와 특권기득권층을 위한 경제정책'으로 인해서 거부당한 것이다. 그것이 2)의 결과다.

'자유민주주의를 지향하는 중간층 유권자'들은 행복하게 선택할 곳이 없었던 사람들이다.

물론, 이들이 '자유민주주의를 지향하는 중간층 유권자'가 된 이유는 있다.

'자유민주주의'에서 떠오르는 연관 단어가 무엇인가? '자본주의' '시장경제' '자유주의' '민주주의' '비공산주의' 등이다. 여론조사를 들여다보면, 중간층은 '자본주의 시장경제'에 대한 선호도가 가장 높은 계층이고, '자유' '평등' '민주' '인권' '정의'에 대한 개념도 투철한 사람들이다. 그러므로 북한과 공산주의를 강하게 반대하고, 더불어 군사독재와 극우보수주의도 거부하는 것이다. 연령과 지역에 편중되어 있지 않지만, 중산층이 다수 포함되어 있다. '안정'과 '공정(정의)'을 함께 추구하는 정치성향을 가지고 있는 것이다. 그들이 '성장'과 '분배'를 함께 중요시 여기는 것은 자연스러운 것이다. 더불어민주당은 중간층의 정치 성향을 단순하게 '탈이념'이라고 사고하는 경향이 있다. 하얀색과 검은색을 함께 생각하는 사람이 회색을 선호하는 것은 아니다!

한국 사회에서 이념 경쟁이 존재했는가?

여기서 하나의 질문에 답해야 할지도 모르겠다.

새누리당이 비자유민주주의 정당은 맞지만 '극우전체주의 세력'이라고 말할 수 있을까? 개인의 경제적 자유지상주의를 추구하는 '신자유주의'와 개인을 집단에 종속시키는 '전체주의'가 상호 배타적이지 않은가 하는 문제다. 신자유주의적 경제 정책도 수용하는 새누리당 정권을 극우전체주의 세력이라 할 수 있느냐의 문제이다.

두 가지 측면에서 보자. 먼저, '전체주의'와 '신자유주의'가 한 정당의 정체성으로 공존할 수 있을까? 가능하다. 교과서적으로는 전체주의와 신자유주의가 조응하기 힘들 것 같지만 그렇지 않다. 새누리당 정권은 정치, 사회, 이념의 영역에서 반공 전체주의적 성향을 띠고 있다. 그러나 경제영역에서는 새누리당의 주축인 재벌, 특권 기득권층의 이해와 요구를 반영한 신자유주의적 정책도 수용할 수 있는 것이다. 극우전체주의 정권의 경제정책은 대내외적으로 자신들을 떠받치고 있는 세력들의 이익을 위해서 얼마든지 변용될 수 있다.

다른 한 가지 측면을 고려해도 마찬가지다. 새누리당의 전신인 정당들은 '국가주도 경제'와 '관치경제'로 경제를 운영했었고, 새누리당은 여전히 필요에 따라서 국가권력으로 시장경제를 통치하고 있다. 예를 들자면, 새누리당 정권은 공정한 시장경제를 교란하는 재벌·특권층의 불법적 행위를 무수히 용인하고 있다. 법과 제도로 처벌하지 않는 특혜를 주면서 시장경제에 개입하고 있는 셈이다. 공정한 시장 질서를 보호하기 위하여 헌법에 명기된 '경제민주화'를 이행하지 않는 것은 '불개입'이 아니다. 재벌·특권층을 위한 '적극적 방치'인 것이다. 인간의 자유와 평등을 억압하는 특권 기득권 세력의 통치 방식은 진화하고 변용되는 법이다.

이런 점들을 고려해서 나는 극우전체주의 속성을 내포한 새누리당을 '극우보수주의 정당'이라고 주로 표현한다. 극우는 이미 보수가 아니지만, 보수가 없는 (새누리당에서 소수파로 존재하는 일부 인사들을 보수라 볼 수 있겠다) 한국의 현실을 고려한 표현이다.

한국 사회는 자유로운 이념 경쟁을 가로 막은 세력들이 있었다. 여전히 상대를 빨갱이와 종북으로 매도하는 세력들이 있다. 그런데 부당하게 탄압받던 세력이 이념 경쟁을 하지 말자고 하소연하고, 탄압하던 세력은 여전히 종북론과 색깔론을 떠들며 기세등등하다. 이게 웃기고 이상하다고 생각하지 않는가? 모른 척 회피한다고 그들이 종북론과 색깔론을 멈추던가? 상대가 강점이라고 착각하는 지점이 사실은 상대의 가장 큰 약점이다.

남한 체제를 실질적으로 위협하는 종북세력이 있다면 앞장서서 비판하겠다고 천명하라. 자유민주주의 정당임을 공개적으로 선언해야 한다. 그리고 공정한 시장경제와 자유민주주의를 구현하겠다고 천명하라. 극우보수주의 세력들은 자유민주주의와 공정한 시장경제를 갉아먹는 세력이라고 비판해야 한다.

국민들에게 물어야 한다. 히틀러가 스탈린을 비판할 자격이 있는가? 수구 전체주의 세력이 종북을 비판할 자격이 있는가? "자유민주주의자가 종북을 비판하겠다"고 말할 것을 권한다.

새누리당의 극우보수 행태를 비판할 때마다 "자유민주주의 정당이 아닌 새누리당은…" 어쩌고저쩌고 하면서 비판해야 한다. 참여정부 시절, 새누리당 이명박 · 박근혜 정부보다 경제성장률을 비롯한 대부분의 경제 지표가 훨씬 좋았었다. 그러나 그들은 '반복을 통한 세뇌' 를 시도했고 성공했다. 노무현을 "경제를 포기한 대통령" 이라고 공격하면서 '경포대' 라고 떠들었다. 더불어민주당을 비롯한 야당의 문제점 중에 하나는 '언어의 효율적 반복' 을 제대로 못한다는 것이다. 이성과 논리로 판단하는 진보적 습관은 '이미 파악하고 드러난 사실의 반복' 을 등한시한다. 그것은 효과적인 대중 선전과 선거에 걸림돌이 된다. 대중은 자기 삶의 무게가 무거울수록 오래 고민할 여유가 부족하다. **반복하라!**

분단된 나라의 고통을 이용해서 자신들의 독재, 극우, 부패, 반민주적 행태를 정당화 시킨 정당이다. 새누리당을 자유민주주의 정당이라 볼 수 없는 것이 자명하다. 우방 미국이나 선진 유럽국가라면 '극우극단주의 세력' 으로 이미 낙인이 찍혔으리라.

왜 외치지 못하는가? "새누리당은 자유민주주의 정당이 아니다." "자유민주주의 정당이 아닌 새누리당은 공정한 시장경제를 이끌 수가 없다." "극우전체주의 특권기득권 정치는 자유민주주의가 아니다." "극우보수 특권기득권 경제는 자유민주주의가 아니다." 반복해서 말해야 한다. 그래서 저들의 '가짜 자유민주주의 프레임' 의 허구성을 양지로 드러내야 한다. 집요하게 반복해야 한다. 대중의 의식 속에 새로운 프레임을 만들어라! 새누리당은 거짓도 진실인 양 떠드는데 무얼 주저하나.

현재 한국 사회는 인류의 집단지성으로 보편성을 획득한 '자유주의의 가치'와 '민주주의의 가치'가 구현되지 못하고 있다. 적확하게 말하자면 퇴행되고 있다. 새누리당 8년 집권 하에 계속되고 있는 현 상황을 일시적·부분적 퇴행이라 말한 다면 현실을 외면하는 것이다.

이러한 상황에서조차도 새누리당이 국민의 관념을 조정하 는 '가짜 자유민주주의 프레임'을 허물지 못한다면 더불어민 주당과 야권의 집권은 요원할 것이다.

더불어민주당과 국민의당이 자유민주주의 정당이라는 것을 반복적으로 말하고, 자유민주주의에 대한 지향성을 강조하는 것이 오랫동안 지속되어야 하는가? 그렇다. 자유민주주의에 대한 새로운 프레임이 대중들의 의식구조에 안착될 때까지 지 속되어야 한다. 이념과 노선, 정책적 주요 방향은 그 사회가 안 고 있는 모순을 해결해나가는 실용적 도구가 되어야 한다. 지 금은, **도둑맞은 자유민주주의를 되찾아올 때이다.**

그리고 난 이후에 그 자유민주주의를 더욱 풍성하고 진보적 으로 살찌우는 것은 계속 될 일이다. 자유민주주의가 본궤도에 오르고 난 뒤라면, '진보적 자유민주주의'라 명명하든 '공동체 자유민주주의'라 명명하든 줄여서 '진보적 자유주의'라 명명하든 그 자체로 중요한 것이 아닐 것이다. 다음 시기에 맞는 더 진화되고 유능한 자유민주주의가 되기 위한 노력은 지속되어야 할 것이다. 자유주의와 민주주의의 근원적 힘은 보편성, 개방성, 자기교정능력에 있다.

본디, 세계 문명사에서 자유민주주의는 도래한 사회 상황에 적합한 노선과 방향으로 유연하게 재정립을 거듭해 왔다. 인간의 자유와 평등을 구현하는 것이 자유민주주의의 핵심이라고 한다면, 그 핵심을 지키기 위한 주요과제는 매 시기마다 차별점이 있을 수 있다.

현 시기의 한국 사회가 처한 실천적 극복 과제는 명확하다. **'자유민주주의를 정립'** 하는 것이다! 이것에서 **출발해야 한다.** 자유민주주의가 왜곡 훼손되어 극우보수주의와 반공전체주의의 포장지로 오염되고 있는 현실을 바꾸지 않는다면, 백약이 무효일 것이다. 그 이후에 자유민주주의의 지평은 더욱 확장될 것이다.

자유민주주의는 인간의 자유와 평등을 옹호하고 민주주의를 보장하는 법률과 제도적 틀거리를 필요로 하지만, 고정불변의 법률이나 제도적 틀거리 자체를 의미하진 않는다. 자유민주주의는 끊임없이 유능하게 재정립되어 인간을 위한 도구가 되어야 한다. 인간의 자유와 평등에 효과적으로 기여하지 못하는 민주주의 제도는 끊임없이 수정되어야 한다. 그 법률과 제도가 구축될 당시의 정당성 측면에서 옹호하는 것은 어리석은 것이다.

'이념 경쟁' 을 무서워하며 도망치는 더불어민주당은 상대에게 무기를 헌납하고 있다.

다시 강조하건대, 더불어민주당과 국민의당이 자유민주주의를 강력하게 표방하는 것 자체가 가장 중요한 출발점이다. 그 전제하에 경제적 성장과 국가 안보에 대한 유능한 정책까지 제시해야 한다. 그것은 한국 국민이 중요하게 생각하는 지점이고, 새누리당과 극우세력들이 더불어민주당을 불안한 세력으로 만들어서 독점하려고 했던 지점이다. 현재 새누리당 정권은 이전의 더불어민주당 정권에 비해서 현저하게 낮은 경제 성장률을 오랫동안 기록하고 있고, 북한의 핵무장은 날로 강화되고 있다. 극우보수 정당인 새누리당은 이런 문제에 전혀 효율적으로 대처하지 못하고 있다. 군사독재의 후예이고 부패세력이라는 약점은 그대로 있고, 자신들이 강점으로 이용했던 영역에서도 죽을 쑤고 있는 셈이다. 그런데도 더불어민주당과 야당은 이런 부분을 제대로 공박하지 못하고 있다. '이념 경쟁' 이 무서워서 회피하면서도 상대 당의 명백한 실정마저 부각시키지 못하고 있다. '이념 경쟁'을 제대로 해서 새누리당의 '가짜 자유민주주의 프레임'이 새로운 '진짜 자유민주주의 프레임'으로 극복될 때, 극우보수적 새누리당의 근원적 약점과 무능한 국정운영을 자유롭고 효과적으로 국민에게 알릴 수 있을 것이다.

우리가 자유민주주의를 바로 잡는 것이 극우보수주의 정치 세력의 퇴장을 위한 정치적 전략에 국한된 것은 아니다. 자유주의와 민주주의를 정립하고 자유민주주의를 발전시키는 것은 안정적이고 생산적인 이념 환경에서 진보적 정책정치적 기반을 만드는 것이기도 하다.

자유주의의 가치는 경제영역에서도 현실적으로 구현되지 못하고 있다. 애초에 자유주의가 태동하던 시기에 세계 자본주의 시장경제가 확립되어 있지 않았고, 구체적 경제이론을 포함하여 탄생한 것은 아니었다. 그러므로 그 이후 세계 자본주의의 발전에 편승하여 '자유주의'를 '경제적 자유주의'라는 미명하에 '경제적 자유지상주의'로 극단화시키는 편향도 있었다. 최근에는 '신자유주의'라고 통칭되는 흐름으로 재현되기도 했다. 그리고 그 '신자유주의'는 2008년 미국의 금융위기를 불러왔다. 그로 인해 전 세계 경제가 연쇄적으로 큰 어려움을 겪었던 것은 주지의 사실이다. 결국 미국인들이 "월가를 점령하라(Occupy Wall Street)" 운동을 벌이게 되었고, 이 운동은 미국 전역과 전 세계로 확장되어 갔다. 이 운동은 사회 최상층의 자유와 탐욕을 무제한적으로 방치하는 것이 만인의 자유를 억압한다는 주장이었다. 이것은 자유주의의 본래의 정신을 주장한 것이다. '경제적 자유지상주의'를 이용하여 자유주의를 왜곡하고 훼손하는 '특권층의 탐욕'을 비판한 '자유주의 복원 운동'이었다고 볼 수 있다. 1% 특권층이 90%의 대중보다 더 많은 부를 소유한 미국의 현실을 '버니 샌더스'는 질타했다. 그는 집권 민주당의 대통령 후보 선출 레이스에서 1~2등을 다투는 돌풍을 일으키고 있다. 자유민주주의는 포괄적이고 보편적인 특성이 장점이다. 그러나 자유민주주의는 악용할 수 있는 이념이기도 하다. 자유민주주의는 구체적 시기, 영역, 상황에 따라서 왜곡되기도 했다.

그러나 자유주의는 개방성과 자기수정 능력으로 인해 구체적 시기, 영역, 상황을 인식하고 재정립될 수 있는 이념이다. 그러므로 전술하였듯이 자유주의에 내재되어 있고 자유주의와 조응하는 민주주의를 시장경제에 결합시키는 것은 현 '시기'의 경제 '영역'에서 꼭 필요한 '상황'이라는 것이다. 이것은 자유민주주의 시장경제가 '민주적 시장경제, 경제 민주화'로 나갈 수 있는 근원적 이유이다. 자유주의의 포괄적이고 보편적인 특성으로 인하여 구체적 시기, 영역, 상황에 적응하며 유연하게 진화할 수 있는 것이다.

자유주의와 민주주의적 법률과 제도의 결합을 의미하는 '자유민주주의'가 자본주의 생산양식을 반영하는 '시장 경제'와 동일한 것은 아니다. 그러나 그것을 굳이 분리해서 따지는 것은 실제적 현실적 의미는 없다. 자유민주주의를 표방하는 나라 중에 시장경제를 수용하지 않은 나라는 없고, 모든 나라가 시장경제를 더 발전시켜 나가기 위해서 노력하고 있기 때문이다.

그러므로 많은 대중들은 자유민주주의를 시장경제와 동일어로 이해한다. 학문적으로 자유주의가 '경제적 자유주의'나 '자본주의'를 의미하는 것은 아니라고 해도, 자유민주주의를 표방하거나 자유민주주의 사회라고 인정받는 국가의 경제체제는 '자본주의 시장경제'라는 현실에서 사고해야 한다. 현 시기 사회 발전의 중요한 문제는 어떤 구체적 시장경제인가에 달려 있다. 그 구체적 성격 이전에, 자유민주주의와 시장경제를 향한 확고한 지지를 역설하는 것이 현실에 부합되는 현명한 태도이다. 더불어민주당과 야권은 자유민주주의와 시장경제를 일탈하는 정책을 표방한 적도 없으면서, 자유민주주의와 시장경제를 함께 강조하지 못하는 이상한 습성에 빠져 있다. 김대중 대통령이 표방했던 '민주주의와 시장경제의 병행 발전'을 '새누리당의 가짜 자유민주주의'를 허무는 21세기 프레임으로 진화시켜야 한다.

현 시대 자유민주주의 정치 이념은 자본주의 시장경제와 만나서 조응하고 재정립되고 있는 역사적 시기인 셈이다. 중요한 것은 각 나라마다 '자유민주주의 구현 수준'에 차이가 있고, 각 나라마다 '시장경제 양식'에 차이가 있다는 것이다. 그러므로 각각의 나라에서 자유민주주의와 시장경제는 상호 간에 조응하고 영향을 미치면서 각각 다르게 재정립되고 있다.

어떤 나라의 자유주의가 진보적 가치를 지향한다면, 그 나라의 민주주의는 진보적 자유민주주의 경제 정책을 법률과 제도로 추구할 것이다.

어떤 나라의 자유주의가 보수적 가치를 추구한다면, 그 나라의 민주주의는 신자유주의적 경제 정책을 법률과 제도로 뒷받침할 것이다.

그러나 어떤 국가의 자유주의가 극우보수적 형태로 변질되어 있다면, 그에 조응하는 시장경제 또한 개인의 자유와 평등이 심각하게 훼손된 기형적 양태를 띨 수밖에 없다. 한국의 경우다.

이것은 자유민주주의의 탁월한 포괄성과 보편성의 장점이자 어두운 그림자인 것이다. 그러나 인간의 자유와 평등이라는 자연법적 보편성을 수호하는 자유민주주의가 개방성과 자기수정 능력을 포기하지 않는다면, 인류와 함께 더욱 진화될 수 있을 것이다.

그러므로 문제는 자유주의 자체일 수도 없고, 문제는 민주주의 자체일 수도 없다. 자유주의를 발전적으로 구현하고 있느냐, 민주주의의 원리가 확장되고 있느냐에 있다. 어떤 세력이나 정당이 자신들의 비자유주의 성향과 비민주주의 성향을 포장하기 위해서 '자유민주주의'를 오용하는 것을 막는 가장 효과적인 방법은 뭘까? 자유민주주의의 본래적 의미를 바로 세우고, 이 시대와 사회에 걸맞은 자유민주주의 정당이 나타나는 것이다. 한국에서는 아직도 이루어지지 않고 있다.

가치 있고 쓸모 있는 것만이 관념이 되어 전파된다면 인류사회는 지금과 전혀 다른 모습이었을 것이다. 낡은 관념과 상투적인 사고는 진보의 발목을 잡는 보이지 않는 손이다.

한국 진보의 얼굴은 '관념에 물든 얼굴'이다. 이제 자유민주주의를 바라보는 낡은 관념을 버리고 새로운 얼굴이 되어야 한다.

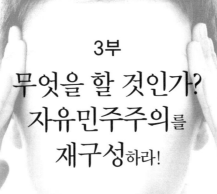

3부

무엇을 할 것인가?
자유민주주의를
재구성하라!

1 나는 나라 팔아먹어도 새누리당이에요

'전체주의 국가론'에 포획된 유권자, 이익보다 프레임에 따르는 유권자

한국에서도 크게 각광받은 조지 레이코프는 『코끼리는 생각하지 마』에서 진보와 보수의 프레임이 다르므로 다른 가치에 입각한 효율적 언어를 사용해야 한다고 말한다. 효율적으로 사용한 언어들이 다시 진보(보수)의 프레임을 강화한다는 것이다. 조지 레이코프는 미국 정치를 분석하여 '진보의 언어'를 제시한다. 그러나 조지 레이코프가 제시하는 '은유된 언어를 통한 프레임'은 한국 사회에 적용하는 것에 한계가 있다. 한국은 일반적인 진보와 보수로 정립된 사회가 아니기 때문이다. 그리고 문화적 차이도 크다.

새누리당이 미국 보수주의자들의 가치와 합치되는 것은 아주 작은 부분에 불과하다. 미국 보수는 친기업적이고 감세를 주장하지만 기업의 탈세와 불법행위에 너그러운 것은 아니다. 미국에서 거대기업의 불법상속, 불법 비자금 조성, 탈세 등은 가중 처벌된다. 한국 재벌은 정계, 법조계, 언론의 보호 아래에서 일반인보다 훨씬 약한 처벌을 받는다. 미국 보수세력은 진보세력을 정치적으로 비판하지만 생각이 다르다고 "빨갱이다. 종북이다"라고 매도하지 않는다. 미국 보수는 방송을 통제하거나 장악하려는 시도를 하지 않는다. 물론 가능하지도 않다. 한국 양대 공영방송 이사진과 사장은 정권의 입김에 직간접적으로 영향을 받는다. 미국은 낙태와 동성결혼 문제를 둘러싸고 진보와 보수가 논쟁을 하지만 한국은 정치 쟁점화되지 않는다. 문화적 이념적 차이로 인하여 조지 레이코프의 프레임 이론을 한국에서 직접적으로 적용한다면 큰 낭패를 볼 수도 있다. (미국의 진보적 자유주의자를 돕기 위해서 조지 레이코프가 쓴 『코끼리는 생각하지 마』가 한국에서는 극우보수 비자유주의자에게 도움이 될 수도 있다.)

조지 레이코프는 『코끼리는 생각하지 마』에서 '엄격한 아버지'와 '자상한 부모'라는 인지언어학적 은유를 빌려서 보수와 진보를 설명한다. 미국 정치 문화를 설명하고 해법을 제시하는 유능한 이론으로 인정받고 있고, 한국의 진보적 인사들도 그의 이론에 직간접적으로 영향을 받고 있다. 그러나 각 나라의 축적된 역사적·문화적 환경은 상이하고 그로 인해서 정서적 심리적 차이가 존재한다. 한국은 세계 유일의 분단국가이고, 유교적 봉건의식이 강한 나라이다. 이것은 한국인과 미국인이 상이한 심리와 정서를 소유하고 있다는 뜻이다. 그러므로 '엄격한 아버지'와 '자상한 부모' 모델을 통해서 제시하는 언어들을 필터링하지 않고 수용하는 것은 위험하다. 가령, 보수가 '엄격한 아버지'와 연관된 은유적 단어들로 자신들의 가치와 주장을 프레임으로 구축하면, 유교적 봉건 문화가 짙은 한국에서 효력이 없을 수가 있을까? 한국에서 정치적 보수가 아닌 유권자조차도 문화적 측면에서는 보수인 경우가 많다. 반면, 진보가 '자상한 부모'를 은유한 단어들로 자신들의 가치와 주장을 프레임으로 구축하면 어떨까? 사안과 영역에 따라서 다르겠지만, 문화적으로 보수이고 정치적으로 진보인 유권자는 거부감이 생길 수도 있다. 유교적 봉건성과 분단 이데올로기라는 장애물을 마주하고 있는 한국의 진보세력은 보수세력보다 더 정교한 프레임 작업을 요구받고 있다.

이런 차이점을 감안하더라도, 인지언어학에 기반을 둔 그의 프레임 이론은 탁월한 통찰에 입각해서 중요한 시사점을 우리에게 주는 것이 사실이다.

조지 레이코프는 유권자들은 합리적으로 행동하지 않는다

고 주장한다. 자신들의 경제적 이익에 입각해서 투표하는 것이 아니라 자신들을 지배하고 있는 '프레임'에 따라서 투표한다는 것이다. 그리고 자신들이 믿고 있는 프레임과 사실이 충돌할 때 유권자들은 사실을 받아들이지 않고 프레임에 따라서 투표한다는 것이다. 이것은 미국과 한국의 역사적·문화적 차이를 뛰어 넘는 '인간의 인지심리'를 통찰한 견해라고 본다. 이것에 입각해서 전술했던 나의 견해를 검증하고 한국 유권자를 재조명해보자.

나는 1부에서 새누리당 지지층에서 3/4을 차지하는 30% 가량의 유권자들은 '전체주의 국가론'이나 '반공주의 국가론'에 포획되어 있다고 설명했다. 즉, **강력한 국가의 권력으로 사회의 기강을 확립하여 '사회질서유지'와 '북한을 제압하는 국가안전'을 최고의 가치로 여긴다. 그것을 위해서 자유, 평등, 인권, 사회정의, 민주주의가 침해되더라도 감수해야 한다고 믿고 있다. 조지 레이코프는 이런 신념을 '프레임'이라 설명한 것이다.** 이 30% 가량의 유권자들은 자신들의 이익에 입각하여 투표하지 않고 프레임에 따라서 투표하고, 설사 자신이 믿고 있는 프레임이 사실과 배치되더라도 사실을 수용하지 않는다는 것이다. 확인하자!

독립 언론 '뉴스타파'는 울산 동구의 한 주민을 인터뷰한 것을 방송했었다.

"지난 총선 때 국회의원 선거 때 누굴 뽑았는지 혹시 기억하세요?"

"저요? 우리는 새누리당 밖에 안 뽑아요. 나는."

"잘 뽑은 것 같으세요?"

"잘 뽑았죠. 나는 나라 팔아먹어도 새누리당이에요."

"왜요?"

"그냥. 우리 고향이 대구니까."

또, 유시민 전 보건복지부 장관은 이런 발언을 해서 화제가 되었다.

"저는 솔직히 말해서 대통령이 나라를 팔아먹어도 35%는 지지할 것이라고 본다. 이것은 새누리당의 최소 지지율(이다)."

울산 동구의 그 주민은 자신과 대구를 일체화하고 대구와 새누리당을 일체화한다. 새누리당이 승리하는 것이 대구가 승리하는 것이고, 대구가 승리하는 것이 자신이 승리하는 것이다. 자유로운 개인은 없고 개인은 전체 속에서만 존재한다. 전형적인 전체주의적 사고다. 여기에 자신의 계급 계층적 이익은 고려되지 않는다. 뽑아 준 국회의원이 일을 잘 못해서 자신에게 불이익이 왔다고 해도 상관없는 것이다. 그 말을 거칠게 한 것이 "나는 나라 팔아먹어도 새누리당이에요"인 것이다. 즉, 울산 동구 그 주민은 '전체주의적 프레임'으로 세상을 바라보고 있고, 이 프레임이 자신에게 손해를 주더라도 프레임을 버리지 않겠다는 것이다. 조지 레이코프가 말한 "유권자들은 합리적으로 행동하지 않는다"는 주장이 그대로 구현되고 있는 것이다.

위의 예는 새누리당의 텃밭인 대구의 '지역감정'을 매개로 한 것이지만, '반공'을 매개로 한 전체주의적 프레임으로 세상을 보는 유권자 숫자가 가장 많은 나라는 한국이다. 그래서 새누리당은 주요 선거가 있거나 자신들의 정치적 실책이 있을 때 '북풍'과 '종북 몰이'를 이용하여 지지자들을 결집하곤 했었다. **이들이 내가 전술했던 '전체주의 국가론'이나 '반공주의 국가론'에 포획되어 있는 유권자이고, 조지 레이코프가 말한 이익에 입각하여 투표하지 않고 프레임에 따라서 투표하는 유권자인 것이다.** 유시민은 이러한 전체주의·반공주의 프레임에 갇혀있는 유권자를 35% 가량으로 본 것이다(그러나 정치를 떠난 유시민의 이런 표현을 정치인이 동일하게 말하는 것은 적절하지 않다).

조지 레이코프는 이렇게 말한다.

"프레임(frame)이란 우리가 세상을 바라보는 방식을 형성하는 정신적 구조물이다. 프레임은 우리가 추구하는 목적, 우리가 짜는 계획, 우리가 행동하는 방식, 그리고 우리 행동의 좋고 나쁜 결과를 결정한다."

"프레임을 재구성한다는 것은 세상을 보는 방식을 바꾸는 것이다. 그것은 상식으로 통용되는 것을 바꾸는 것이다."

그렇다면 우리가 프레임의 재구성에 성공한다면, 이 30% 가량의 전체주의·반공주의 프레임에 갇혀있는 유권자를 구할 수 있을까? 나는 거의 불가능하다고 본다. 우리가 새롭게 제시하는 프레임조차도 이들에게는 자신들의 프레임과 대립되는 '불편한 사실'에 불과할 것이다. 그러므로 우리가 구성해야 할 프레임은 이 30%의 유권자를 제외한 나머지 유권자를 위한 것이다. 특히, '자유민주주의를 지향하는 30%의 중간층'과 '전체주의·반공주의에 느슨하게 묶여 있는 10%의 새누리당 지지층'을 위한 것이다. 나는 이것이 한국 정치를 바꾸는 실질적 관건이라고 생각한다.

더불어민주당과 국민의당이 정권교체에 성공하여 집권하고 싶다면, 비정상적인 극우보수주의자들이 주류적 위치에서 한국사회를 이끄는 시대를 종언하고 싶다면, 즉시 시작해야 한다.

나는 이번 20대 총선에서 이 작업을 시작하여 19대 대통령

선거에서 열매 맺기를 기대한다. 그런데 새로운 프레임을 전파하기 위해서 최근에 상대가 무엇을 하고 있는지 정도는 알아야 한다.

박근혜 정부가 역사교과서 국정화를
하는 이유는 뭘까?

박근혜 정부의 '역사교과서 국정화 강행'을 살펴보자.

역사교과서 국정화가 추진되는 표피적인 이유는 쉽게 드러난다. 박근혜 대통령은 기존 7종 검인정교과서의 내용이 만족스럽지 않기 때문에, 자신이 옳다고 믿는 가치에 입각한 역사교과서를 학생들에게 세뇌시키고 싶은 것이다. 그래서 역사교과서를 정부가 만들겠다는 것이다. 야당과 학계의 반대에도 불구하고 정부는 토론과 의견수렴 과정을 거치지 않았다. 2015년 11월 3일, 교육부 장관 확정고시를 하였고 국정교과서를 준비하고 있다. 북한을 비롯하여 극소수 후발 국가만이 발행하는 국정 역사교과서를 OECD국가인 한국이 21세기에 만드는 것이다.

야당과 시민단체들은 시대착오적인 정책이라고 비판하지만, 이것은 낡은 생각을 가진 정권이 낡은 정책을 추진하는 차원의 문제가 아니다. 새누리당의 재집권뿐만이 아니라 그 이후까지 자신들의 사회적 헤게모니를 유지하려는 것이 근원적 이유이다. 그렇다면 구체적으로 무엇을 얻으려고 하는 걸까? 투표권도 없는 학생들에게 이렇게까지 해서 얻는 것이 뭘까?

현재 7종의 검인정 역사교과서는 교육부의 집필 기준에 맞추어서 만들어진 것이다.

극단적인 역사해석이나 사실의 오류가 존재하기 힘들다. 오히려 다소간의 해석 차이가 존재하는 역사적 사건에 대한 다양한 의견이 충분히 반영되지 못하는 것이 문제였다. 교육부의 집필 기준에 따르다 보니 내용이 비슷해지는 것이다. 그래서 '교과서 자유발행제'를 주장하는 의견이 존재했었다. 현재의 역사교과서는 지극히 통설과 상식에 입각하여 서술되어 있는 것이다. 그런데 역사교과서 국정화를 찬성하는 방송토론의 패널이나 새누리당 입장을 지지하는 논객이 공통적으로 강조하는 말이 있다.

"좌파의 해석을 담고 있는 검인정 역사교과서를 없애고, 국정 역사교과서에서 자유민주주의를 가르쳐야 한다."

그런데 생각해 보자. 현재의 검인정 역사교과서도 정부의 집필 기준 하에서 출판되고 있는데 좌파의 내용을 담고 있다는 주장이 성립될까? 새누리당 정권의 교육부가 좌파인가? 출판사 별로 상대적 진보적 시각이나 보수적 시각이 포함되어 있다고 해도 '좌파의 해석'이라는 것은 과장된 정치적 공세일 뿐이다. 새누리당과 정부도 내면적으로 이것을 모르지는 않을 것이다. 그리고 정부가 만들어 낼 국정교과서가 7종 검인정교과서에 비하여 여러 가지 역사적 사건에 대하여 '보수적 시각'을 담을 것은 틀림없지만, 야당과 학계에서 걱정하는 '친일미화' '독재 미화'를 노골적으로 드러내지는 못할 것이다. 그러나 기존 검인정교과서와 다르게 두 가지 부분은 분명히 더욱 강조할 것이다.

첫째, 새로운 국정교과서는 '자유민주주의를 보수적으로 해석'한 '편향된 자유민주주의 이념'을 더욱 강조할 것이다.

둘째, 북한 사회에 대한 비판을 늘리면서 '북한의 위협'을 더욱 강조할 것이다.

이러한 작업을 통해서 새누리당 정권이 얻으려는 것은 두 가지다.

고등학생들은 2~4년 후에 투표권을 얻는 예비유권자이다. 대통령선거가 있는 년도의 중학교 3학년은 다음 대통령선거에 투표권을 얻는다. 고등학교를 졸업한 사회인에 해당되는 만 18세로 선거투표권 연령이 낮아지면 시기는 더 빨라진다. 실제로 의도한 효과를 얻는 것과 별개로, 새누리당 정권은 권력으로 통제하기 용이한 예비유권자인 학생들을 '가짜 자유민주주의 프레임' 과 접촉하게 만드는 것이다. 정치이념적 정보를 얻는 통로가 한정되어 있고, 입시위주 교육으로 인하여 정치사회 문제에 관심을 가지기 힘든 학생들의 교실에 침투하여 '가짜 자유민주주의 프레임' 을 착근하겠다는 것이다.

또 하나는, '이념' 과 '가치' 에 대한 해석과 규정을 할 수 있는 정당성이 정부에 있다는 암시를 일반국민에게 심어 주겠다는 의도다. 그들의 의도는 국정 역사교과서를 '올바른 역사교과서' 라고 명명한 것에서 드러난다. 정부가 '올바른' 것을 판단하여 규정하는 권위가 있다는 것을 국민에게 세뇌하는 것이다. 전체주의적 우민화를 시도하는 것이다. 이러한 규정을 통한 암시는 보수적 유권자들이 다른 시각의 견해에 개방되지 못하게 만드는 심리적 통제의 일환이다.

설사, 정권이 바뀐다고 해도 더불어민주당이나 국민의당은 이용할 수 없는 방식이다. 더불어민주당이나 국민의당이 집권하여 국정화 체제가 검인정 체제로 복원한다고 해도 자신들이 손해 볼 것은 없다. 교육 현장과 학생들의 혼란만 가중될 것이다. 무책임하지만 '기득권을 지키기 위한 특권층' 은 그런 법이다.

다양한 역사 해석을 인정하지 않고, 정부가 역사 해석의 권한을 독점하는 비자유민주주의적 방법으로 자유민주주의를 역사교과서에서 가르치겠다는 말이 성립될까? 그렇게 가르치는 자유민주주의는 이미 자유민주주의일 수가 없다. 폭력을 사용하면서 평화를 가르치겠다는 말에 다름 아니다.

그들이 이런 식의 모순을 숨기기 위해서 사용하는 논리가 '좌파와 북한의 위협에 대처하기 위해서'이다. "교과서가 좌파의 시각이다"라는 거짓말로 선동을 하고, 그래서 "자유민주주의를 담은 내용을 교과서에 넣어야 한다"고 주장한다. 합리적 사고로는 용납되지 않지만 그들은 이러한 선동과 비합리적 방식으로 한국 사회 주류의 위치를 지켜왔고 현재도 지키고 있고 앞으로도 지키려고 한다.

비단 국정 역사교과서만의 문제가 아니다. 새누리당과 극우 전체주의 세력들은 우리 사회의 다양한 문제와 다양한 영역에서 이러한 방식으로 우리를 괴롭히고 사회를 분열시켰다.

그들의 의도가 역사교과서 국정화 문제에서도 효과적으로 구현될 것이라고 보지는 않는다. 학생들의 머리에 정부가 심고 싶은 이념과 가치를 투입한다고 자신들이 원하는 국민으로 길들여지지 않는다. 새누리당 정권이 나라의 이념과 가치를 해석하고 규정하는 권위를 다수 국민들에게 인정받을 수 있다고 생각하지 않는다. 그러나 그들의 프레임 작업이 매번 성공하는 것은 아니지만, 그들은 손해보지도 않는다. 어쩌면 한 번도 손해본 적이 없을지도 모른다.

새누리당과 극우전체주의 세력의 프레임 강화 작업은 그들의 입장에서 아주 요긴하다. 그들에게는 이미 '가짜 자유민주주의 프레임'에 빠져 있는 30% 이상의 유권자가 있다. 그들은 그 유권자들에게 계속해서 정치적·이념적 약물을 투입하고 있는 것이다. 그들이 깨어나지 못하도록 약을 투입하는 것이다. 그러므로 그들의 프레임 작업은 항상 최소한의 필요성을 충족한다. 더구나 그 작업이 성공적으로 수행될 때는 중간층 유권자의 상당수에게도 영향을 미칠 수 있으니, 왜 포기하겠는가? 우리는 이런 비자유민주주의자들이 다수당을 장악하고 있는 나라에서 자유민주주의를 꽃피워야 할 자유민주주의자인 것이다.

우리는 어떻게 할까? 우리는 알렉산더 대왕이 얽히고설킨 '고르디우스의 매듭'을 끊어버렸듯이 이 문제를 극복해야 한다. 낡은 관념을 버리고 담대하고 새롭게 문제를 해결해야 한다. 지겹도록 들었지만 우리가 한 번도 하지 않은 말을 해야 한다.

"우리가 자유민주주의자다."

2 대통령 선거, '진짜 자유민주주의 프레임'은 선택이 아니라 필수다.

우리가 자유민주주의자다

분단된 한국 사회에서 살고 있는 우리들은 문제를 해결하기 위해서 현명하게 접근해야 한다. 그들이 아무리 비정상적인 '비자유민주주의자'라고 해도 그들을 비판하는 것으로 새로운 프레임을 만들 수는 없다. 우리가 우리의 내용으로 우리에 대해서 먼저 이야기해야 한다. 그것이 '진짜 자유민주주의 프레임'을 만드는 길이다. 상대가 만들어 놓은 틀거리 안에 들어가서 싸워서는 안 된다.

혹자는 더불어민주당은 '중도진보'로 가고 국민의당은 '중도보수'로 가야 한다고 이야기한다. 어떤 이념에서 비롯된 중도진보이고 어떤 이념에서 비롯된 중도보수인지를 밝히지 않는다면, 한국에서 이런 분류는 현실적 의미가 없다.

분단된 한쪽 땅에 공산주의 국가가 있고, 한국 국민들은 공산주의와 북한 체제를 굳건하게 반대하고 있다. 더불어민주당이 자신들을 '자유민주주의 정당'이라고 말하지 않는 것은 어리석기도 하지만, 그토록 굳이 말하지 않는 것은 요상할 정도다. 뭐, 당연한 말이라서? 상대가 자신들을 '종북세력'으로 매도하고 있는데, 당연하다고 해서 말하지 않는 것은 국민에게 불성실하고 불친절한 행위이다. 정치는 국민에게 친절하게 종합 서비스를 하는 것이다. 더불어민주당이 이런 이념적 지향을 명확하게 정리하는 것은 필수적 요소이다.

만약 자유민주주의 정당으로서 중도진보적 정책을 펴는 더불어민주당, 자유민주주의 정당으로서 중도보수적 정책을 펴는 국민의당으로 확고하게 인식된다면 어떻게 될까? 그것은 새누리당의 정치적 영토가 대폭 쪼그라든다는 뜻이다. 그리고 새누리당의 극우보수적 행태를 신랄하게 비판하면 어떻게 될까? 자유민주주의의 이름으로! 공정한 시장경제의 이름으로!

우리가 자유민주주의자이고, 자유민주주의의 이런 것들이, 이런 방식으로 구현되는 것이 자유민주주의라고 말해야 한다. 그리고 이것을 가로막는 세력은 극우전체주의 세력에 불과하다고 말해야 한다.

미국과 유럽의 대부분의 주요 정당들은 자유민주주의 정당이다. 그 사회의 정치는 자유민주주의의 일반원리가 구현되고 있다. 그러므로 주요 정당들의 분류는 상대적 진보성과 상대적 보수성으로 구별되고 있는 것이다. 예컨대, 미국에서 상대적으로 진보적인 자유민주주의 정당은 민주당이고 상대적으로 보수적인 자유민주주의 정당은 공화당이다. 미국 정치는 최소한 자국 내에서 '자유민주주의의 일반원리'가 구현되고 있는 것이다 (미국의 대외정책은 논외로 한다).

그러나 한국은 자유민주주의의 일반원리가 제대로 구현되지 않고, 법적·제도적 안착이 불안정한 상태다. 선거로 국회의원을 선출하고, 선거로 대통령을 선출한다고 자유민주주의가 구현되고 있는 것이 아니다.

독립된 사법부가 아니라 사법부가 정권의 눈치를 보고 있다면, 방송언론이 정권의 간섭하에 있다면, 집회 결사 표현의 자유가 침해되고 있다면, 그것은 자유민주주의 사회라 볼 수 없다. 인간의 자유와 평등과 인권을 권력으로부터 수호할 수 없는 사회는 자유민주주의 사회가 아니다. 군사력을 동원한 독재를 경험한 한국인들은 선거로 대통령과 국회의원을 선출하는 현재의 상황을 안일하게 보는 면이 있다.

자유민주주의의 일반원리가 제대로 구현되지 않는 사회의 선거는 이미 공정한 민주적 선거가 아니다. 이러한 후퇴는 새누리당 집권 8년 동안 가속화되고 있다.

그러나 야당과 자유민주주의 세력은 치열하게 대응하지도 못하고, 효과적으로 대응하지도 못하고 있다. 그 바탕에는 오래된 공포가 있다. 극우전체주의 세력은 걸핏하면 민주 세력을 "종북이야! (빨갱이야!)"라고 음해한다. 그런데 민주세력은 "이념 싸움은 하지 말자!"고 하소연해왔다. 이것은 도대체 뭔가? "우리 보고 종북이라 말하지 말아줘. 부탁이야!"라고 하면서 도망가는 것이었다. 그동안 이렇게 해왔다. 자신들과 의견이 다르다는 이유로 상대를 종북으로 매도해 온 집단을 '극우전체주의 세력'이라고 제대로 비판하지 못했다. 분단된 나라에서 이념 논쟁은 불리하다는 관념도 있었으리라. 이 굴레에서 벗어나지 못하는 한 자유민주주의 세력은 한국사회를 정상화시키고 진보시킬 수 없다.

왜 '자유주의'가 아니라 '자유민주주의'인가?

진보 학자들 중에서 새누리당 세력이 반공 전체주의를 자유주의로 포장하여 자유주의를 훼손했고, 이에 영향을 받은 민주 진보 세력은 자유주의를 반공 전체주의처럼 경원시했다는 주장을 하는 이가 있다. 그러면서 자유주의를 바로잡아야 한다는 주장을 한다. 반만 맞는 말이다. 진실로 현실을 정확하게 보고 현실을 바꾸고 싶다면, 이런 설명은 '사실의 끝' 까지 가지 않은 설명이다. 새누리당 세력들이 극우보수주의를 포장하는 용지로 사용한 정확한 용어는 '자유민주주의' 였다. 그래서 민주진보 세력이 경원시했던 용어는 '자유민주주의' 였다. 그 관념에 빠진 민주진보 세력들은 '자유민주주의 프레임과 용어' 를 '극우보수 비자유민주주의자' 들에게 넘겨준 것이다. 그러므로 새누리당이 자유주의를 왜곡하고 훼손했다고 비판하는 것은 대중적이지 않다. '진보적 자유주의' 를 이야기하는 것은 학술적이지만 대중에게 와 닿지 않는다. 대중들은 유럽 사회나 미국 사회를 인식하는 것과 마찬가지로 우리 사회를 자유민주주의라는 범주를 통해서 이해하고 있다. 대중의 언어를 사용하여 우리가 생각하는 자유주의와 민주주의를 프레임으로 만들어야 한다.

'자유주의' 란 16~18세기에 만인평등에 입각하여 절대군주제와 신분제 사회를 무너뜨리면서 탄생한 개인의 자유와 평등을 위한 이념이다. 19세기에 자본주의 발달로 인해서 자유주의를 '경제적 자유지상주의' 로 변질시킨 흐름이 있었다. 학술적 논란은 있지만 이 '경제적 자유지상주의' 가 만인평등에 기초한 인간의 자유를 억압했기에, 이 시기의 '경제적 자유지상주의'를 자유주의로 인정할 수 없다고 본다. 이후 '경제적 자유주의'가 낳은 불평등과 인간 소외를 극복하기 위해서 자유주의 본래의 가치를 회복한 '근대적 자유주의'가 20세기 초에 형성된다. 이것을 '진보적 자유주의'라고도 말할 수 있겠다. 그러나 20세기 말에 미국의 레이건 대통령과 영국의 대처 수상 같은 인물들에 의해서 '신자유주의'가 영향력을 확대해 나갔다. 이것은 '경제적 자유지상주의'를 '신자유주의'로 재정립한 것에 다름 아니다. 자유주의가 강조한 만인평등에 기초한 인간의 자유보다 자유주의의 한 요소인 '개인주의'를 극단적으로 발현시킨 '신자유주의'는 '자유주의'의 정신을 훼손하는 것이라 본다.

그러나! 한국의 자유주의 역사에는 '진보적 자유주의'도 없었고 '경제적 자유지상주의'도 없었다. 한국은 '자유주의가 부재한 국가'라고 보는 것이 맞다. 한국의 '극우보수 세력'은 자유주의를 외치면서 실제로는 '냉전 반공주의' '극우 전체주의'를 실천했을 뿐이다. 반면 한국의 민족적 민주세력은 '자유주의'를 수구적 보수이념이라 생각하고 경원시했다. 물론, 그 이면에는 '극우전체주의 세력'에 대한 저항 정신이 '자유주의'에 대한 거부감으로 전이된 면이 컸다.

국가안보를 위해서 개인의 자유를 말살하는 자유주의가 가능했을까? 공정한 시장경제는 고사하고 경제적 자유지상주의에서도 일탈된 관치경제와 국가주도 경제가 자유주의였나? 국민의 집회결사표현의 자유를 억압하는 것이 자유주의인가? 단일한 국정 역사교과서를 학생들에게 주입시키려는 자유주의가 지구 어느 나라에서 존재하나?

한국 '자유주의의 변종성'은 '진보적 자유주의'를 주장한다고 결코 극복할 수 없다. 그것은 허깨비와 싸우는 것이다. 한국에 자유주의는 제대로 존재하지 않았다. 적확하게 말하자면, 새누리당은 자유주의 세력도 아니지만 자유주의라는 용어도 사용하지 않았다. '자유민주주의'라는 말로 자신들의 '반자유주의'와 '반민주주의'를 은폐하고 있을 뿐이다. 새누리당은 자유주의 세력이 아닐뿐더러 민주주의 세력은 더더욱 아니다. 새누리당은 '자유주의 이념과 민주주의의 제도적 원리가 융합된 자유민주주의'를 실천하지 않았다. 그냥 자신들의 '극우보수'적 성향을 '자유민주주의'라는 구호로 포장하여 은폐하여 왔을 뿐이다. 대중들에게 우리가 자유민주주의자이고 무엇이 자유민주주의인가를 재구성해서 알려야 하는 이유다.

'자유주의'에 대한 설명과 설득, '민주주의'에 대한 설명과 설득을 한 이후, 한국적 '자유민주주의'의 현재적 가치를 대중에게 알려야 할까? 그것은 연구자와 활동가들이 노력해야 할 요소일 뿐이다. 학술적이고 관념적인 이유 때문에 정당이 대중들에게 복잡하게 설명하거나, 지지를 얻기 위한 과정이 중층적

이면 안 된다. 그것은 대중을 혼란스럽게 하는 불친절이다. 오히려 우리가 먼저, '자유민주주의'라는 용어를 수용하기 위해서 새누리당 세력들이 오염시킨 '자유민주주의'라는 말에 포획된 우리의 '관념에서 해방'되는 것이 중요하다. 왜냐? 더불어민주당의 정강정책은 온통 자유민주주의의 가치에 입각한 것들이다. 더불어민주당 당원들과 국민의당 당원들이 믿고 소중하게 생각하는 가치들이 자유민주주이기 때문이다. 그 가치에 자유민주주의라는 본래의 옷을 입혀서 세상에 다시 선보여야 한다. 새누리당이 해 온 것은 자유민주주의가 아니지 않는가? 왜 자유민주주의를 그들이 자신들의 실체를 감추는 포장지로 사용하도록 배려해야 하나?

이제 우리가 말하자.

"우리가 자유민주주의자다. 자유민주주의란 ㅇㅇㅇ이다."

그것을 표현하고 담고 있는 담론과 정책을 또박또박하고 풍성하게 말하자. 창조적인 정책으로 국민의 삶에 와 닿는 정책 정치로 풀어가자. 그러나 잊지 말자! 대중은 자신들의 이익을 위해서 투표하는 합리적 유권자가 아니다. 대중은 자신들이 믿는 가치를 위해서 투표한다. 우리는 그 가치를 프레임으로 만들어야 한다. 그것을 위한 필수조건은 '잃어버린 자유민주주의를 되찾는 것'이다. 그것이 성공하지 못하면 저들이 쳐놓은

'반공 이데올로기' '전체주의 이데올로기' 라는 덫을 돌파할 수 없다. 그 덫을 돌파하는 과정이 곧 '도둑맞은 자유민주주의를 되찾는' 과정이기도 하다.

다가오는 총선과 대선에서 자유민주주의를 재구성하라. 그것이 승리의 길이다

새누리당이 가짜 자유민주주의 세력이라고 비판하는 공격을 시작하라는 말이 아니다. 〈자유민주주의 대한민국의 발전을 위한 10대 약속〉 〈자유민주주의 정당, 더불어민주당(국민의당)의 5대 비전〉 식으로 우리의 가치와 정책을 말하라. 대한민국의 자유민주주의를 발전시키고 살찌우기 위해서 필요한 정책을 준비해서 발표하라. 국민이 자유와 민주주의를 향유할 수 있도록 만드는 공정하고 민주적인 시장경제 정책, 저조한 경제 성장률을 끌어올릴 경제 활성화 정책, 튼튼한 국가 안보를 위해 부정부패를 방지하고 국방력을 강화하는 정책, 자유와 평등을 위한 복지정책, 위기에 처한 비정규직과 영세 자영업자를 위한 정책 등을 담아야 할 것이다. 이 모든 것을 '자유민주주의의 이름' 으로 정책화하라. 자유민주주의가 마땅히 해야 할 일이다.

새누리당이 그것을 비판한다면, 그 정책들이 왜 자유민주주의에 입각한 정책인지를 설명하면 된다. 그들이 극우전체주의 가치와 신자유주의 가치에 입각해서 비판을 한다면, 자유민주주의가 무엇인지 국민에게 알리고 호소해야 한다. 극우보수주의 세력을 상대로 '자유민주주의 논쟁' 을 회피한다면 할 수 있는 일은 없다.

무엇보다 우선시 되어야 할 점은 "우리가 자유민주주의자"라고 명징하게 선언하는 것이다.

그리고 자유민주주의에 입각해서 국민의 자유와 평등을 보장하기 위한 **'자유민주주의의 가치'** 를 내세워야 한다. 그리고 **'자유민주주의의 원칙과 정책'** 을 발표해야 한다. 그것에 반대하는 극우보수적 정치노선과 신자유주의적 경제노선을 자유민주주의의 이름으로 비판해야 한다. 정부정책의 대안을 발표한다고 말하지 마라. 우리는 비자유민주주의 정책의 대안을 제시하는 것이 아니다. 자유민주주의의 가치, 자유민주주의의 원칙과 정책을 이야기하는 것이다. 강조하건대 정책 그 자체로 중요한 것이 아니다. '자유민주주의' 에 입각한 이념과 가치를 유포하는 것이 우선이다.

혹자는 새누리당이 아무리 가짜 자유민주주 정당이라고

해도, '자유민주주의'를 선점하고 있는 새누리당의 앞마당에서 싸우는 것이 아닌지 우려할 수도 있다. 즉, '자유민주주의'를 외치는 것의 효과를 의심할 것이다. 하지만 전술했듯이 그들의 '극우전체주의 속성'으로 인해서 그들은 다수의 국민들에게 자유민주주의 정당으로 각인되지는 못했다. 김영삼 문민 정부 이후로 새누리당은 오히려 자유민주주의 정당에서 멀어져 갔다. 문제는 야당이 자유민주주의를 되찾지 못했을 뿐이다.

아마도 새누리당은 야당의 이러한 선언과 주장을 폄하하기 위해서 "그렇다면 좌파에서 전향했다는 말인가? 먼저 전향발표를 하라!"는 식의 싸움을 걸어올 것이다. 그런 공세에 대응할 필요는 없다. 그런 공세는 '가짜 자유민주주의 프레임'에 갇혀 있는 30% 가량의 유권자에게만 통하는 공세다. 야당이 설득할 대상은 그들이 아니다. 자유민주주의를 지향하는 30%의 중간층 유권자, 새누리당을 지지하고 있지만 '가짜 자유민주주의 프레임'에 덜 물들어 있는 10%의 유권자에게 이야기하는 것이다. 그들과 야권 지지층을 향한 가치, 원칙, 정책이어야 한다. 자유민주주의를 실천하는 원칙과 정책, 사회의 전진을 위한 자유민주주의의 가치를 이야기해야 한다. 그것을 방해하는 세력들이 '극우보수주의 세력'이라는 것을 알려 나가면 될 뿐이다.

자유민주주의를 지향하는 30%의 중간층 유권자와 함께 하면서, 야당의 전통적 지지층에게 변화와 승리의 희망을 보여준다면 투표장으로 대거 몰려올 것이다. 이것은 가능하다.

이념경쟁을 하는 것이 국민 삶과 동떨어진 관념적인 고담준론을 다투는 것은 아니다. 오히려 **'어떤 이념과 가치에 입각해서 나라를 이끌 것인가?' 를 생략하는 것은 실사구시한 것이 아니다. 나침반이 없는 것이다.** 분단된 상황을 악용하기 위하여 자유민주주의를 포장지로 사용해 온 '반공 전체주의' 가 극복되지 않는다면 사회를 전진시킬 방법은 없다. 그것을 회피한 결과, '종북 프레임' 은 여전히 한국 사회를 할퀴고 있고 민주주의는 빈껍데기가 되고 있다. 이런 비합리적 사회가 사회적 대타협, 합의제 민주주의, 직접민주제의 확대로 나아갈 수 있겠는가? 비정규직 문제 해결을 위한 노사정 합의, 복지와 성장의 선순환을 기대할 수 있겠는가? 저출산 고령화의 시대를 되살릴 수 있겠는가? 대한민국 사회가 한 단계 위로 질적 전환하기 위한 시대의 숙제를 풀어야 한다.

'진짜 자유민주주의 프레임' 은
언어를 잘 사용하는 것이 아니다.
'개념' 을 구성하는 것이다.

2016년 총선과 2017년 대선의 전략을 준비한다면 조지 레이코프가 『코끼리는 생각하지 마』에서 한 말이 도움이 될 것이다.

" '사실'은 상당히 결정적으로 중요하다. 그러나 사실이 공론의 효과적인 일부가 되려면 그것은 적절한 프레임으로 구성되어야 한다. 우리는 도덕적 정치적 원칙과 관련이 있는 사실을 찾아서, 이러한 사실을 정직하고도 효율적인 프레임으로 구성해야 한다. 사실을 정직하게 프레임으로 구성하면 다른 사실을 담은 프레임까지 자동으로 따라올 것이다."

" '일단 내 프레임이 논의에 받아들여지면, 내가 말하는 모든 것은 그냥 상식이 된다.' 왜? 이미 받아들여진 진부한 프레임 안에서 사고하는 것이 바로 상식이기 때문이다."

조지 레이코프가 말한 프레임에 대한 고민과 함께 '누구에게 이야기 할 것인가?'를 다시 명확하게 인식해야 한다.

새누리당 국회의원들과 새누리당을 지지하는 40%(엄밀하게는 30%)의 유권자 중에 누가 더 새누리당을 지지할까? 말을 바꾸자면, 새누리당이 주장하는 가치를 어느 쪽이 더 믿고 있을까? 당연히 30%의 유권자다. 가난한 유권자조차도 자신들이 믿는 극우전체주의적 신념에 따라서 부자 정당인 새누리당에 투표를 하는 것이다. 그러나 새누리당 국회의원들 중에는 신념이 아니라 이익을 위해서 새누리당에서 활동하는 사람들이 많다. 김대중 정부 시절에 새누리당 의원들은 여당인 새천년민주당으로 당적을 바꾼 경우가 많았다. 재벌 출신인 정몽준 의원은 진보성향의 노무현 민주당 후보와 단일화에 합의하기도 했다. 모두가 자신들의 이익에 입각한 정치적 선택을 한 것이다. 그들은 자신들이 만들어서 내세우는 가치의 허구성을 알고 있기 때문이기도 하다. 그러나 새누리당을 열렬하게 지지하는 유권자들은 '확증 편향'에 빠져 있기 때문에 변화되기 힘들다. (과거, 그 확증편향 중에는 '김대중은 빨갱이다'가 있었다. '김대중은 빨갱이가 아니다'는 수많은 정보를 외면하는 것이 '확증 편향'에 빠진 사람들의 특징이었다.)

'확증 편향'에 빠진 새누리당 지지층은 자신들이 믿는 신념에 배치되는 정보와 사실을 받아들일 수가 없다. 그럴 수 있다고 해도 엄청나게 많은 노력과 많은 시간이 필요하다. 그러므로 이들을 설득하는 것은 포기해야 한다. 즉, 극우전체주의와 반공국가주의에 포획된 30%의 새누리당 지지자들을 설득하는 논리와 프레임은 필요 없다는 것이다. 안타까워하지 말라. 지금 할 일이 아니라는 뜻이다. 이들을 의식한 프레임은 정작 함께 해야 할 30%의 중간층 유권자에게 효율성이 떨어질 수도 있다. 이 전제 하에서 선거전략과 프레임의 재구성을 사고해야 한다.

반복한다. 더불어민주당(국민의당)은 자유민주주의 정당이다.

이것이 선거에 임하는 제일성(第一聲)이자 반복되어야 할 슬로건이다. 이것은 두 가지 효과를 부른다. 첫째는 더불어민주당(국민의당)과 자유민주주의가 하나의 카테고리로 묶이는 효과를 준다. 둘째는 '자유민주주의를 더불어민주당(국민의당)이 왜 강조할까? 자유민주주의를 뭐라고 생각해야 하지?' 라는 '자유민주주의'에 대한 각성 효과를 준다. 이것이 성공하면 '프레임의 재구성'이 이미 절반은 성공한 것이다.

그리고 '자유민주주의의 원칙과 정책'을 공약해야 한다.

중요한 것은 이 과정에서 집요하고 반복적으로 말해야 한다. "자유민주주의 정당인 더불어민주당(국민의당)은 국방력 강화를 위한 3대 원칙과 정책을 발표하겠습니다." "자유민주주의 정당인 더불어민주당(국민의당)은 비정규직 처우개선을 위한 3대 원칙과 정책을 발표하겠습니다." "자유민주주의 정당인 더불어민주당(국민의당)은 국민의 자유민주주의적 자유와 인권을 수호하기 위한 집시법 개정안을 준비하겠습니다." 이런 식으로 지겹도록 반복해야 한다.

'진짜 자유민주주의 프레임'의 구성은 단지 언어를 잘 사용하는 것이 아니다. '개념'을 구성하여 대중들이 그 '개념'을 이해하고 받아들일 수 있도록 하라는 것이다. 그 개념은 **잘**! 설명되어야 하고 **반복**! 되어야 한다. 그리고 그 프레임을 전달하는 사람과 세력들이 흔들리지 않는 '신념'으로 무장되어 있다는 것을 대중들이 느껴야 한다.

논쟁을 두려워하지 말라. 새누리당이 극우전체주의 성향이라고 생각하지 않는가? 더불어민주당과 국민의당이 '자유민주주의 세력'이고 새누리당이 '극우보수 세력'인 것은 사실이 아닌가? 진실을 위해서 싸우지 못하는 정치세력은 이미 가치를 상실한 것이다. 그것은 진보세력도 아니고 민주세력도 아니다. 무능한 세력일 뿐이다.

새누리당 박근혜 정부는 정부운영과 통치행위를 통해서 자신들의 극우전체주의 성향을 감추지 못하고 과하게 드러내는 우를 범했다. 그것이 간명하게 드러난 것이 '역사교과서 국정화'다. 인터넷과 정보통신의 강국인 한국에 걸맞지 않은 '비자유민주주의'적인 정부운영을 일삼았다. 도둑맞은 자유민주주의를 되찾고 자유민주주의의 이름으로 반공주의, 극우주의, 전체주의, 국가주의, 분열주의 세력을 소수화할 수 있는 기회다. 자신이 진보적인 자유민주주의자이든 자신이 보수적인 자유민주주의자이든 지금은 그것이 중요한 것이 아니다. 더불어민주당과 국민의당은 이것을 확고하게 인지해야 한다.

진짜 자유민주주의 프레임을 위한 핵심 내용

대 전제 : 대한민국의 헌법은 '자유민주주의적 헌법' 이다. 더불어민주당, 국민의당은 자유민주의 정당이다. 새누리당은 극우보수주의 정당이다.

자유민주주의의 가치에 관하여 : 자유민주주의는 만인평등에 기초하여 인간의 자유를 추구하고, 국민주권을 위한 민주적 선거를 보장하고, 공정한 법과 제도를 통해서 국가권력이 운영되어야 한다.

대통령제 하에서 삼권분립은 자유민주주의 필수적 요소이다. 새누리당 정권에서 대통령과 청와대는 삼권분립을 허물었다. 입법부의 대표인 국회의장을 청와대가 압박하고 여당 원내대표를 대통령이 직접 비판하고 내쫓았다. 국가기관의 정치관여를 수사하는 검찰총장과 수사검사를 징계했다.

자유민주주의는 국민의 집회결사표현의 자유를 보장한다. 새누리당 정권은 이것을 침해하고 있다. 대통령을 정치적으로 비판하는 전단을 배포했다고 '명예훼손 죄' 로 구속되는 나라는 자유민주주의 국가가 아니다.

자유민주주의 국가는 국민의 생명과 안전을 대내외적 적들과 위험으로부터 지켜야 한다. 새누리당 정권은 방산비리로 천문학적인 금액을 낭비하고 국방력을 약화시켰다. 이것은 대한민국의 적들을 이롭게 하는 행위이다. 새누리당 정권은 무능한 재난대처로 국민의 생명을 지키지 못했다. 세월호 사건 당시, 연안에서 오랜 시간 동안 구조를 기다린 수백 명의 국민을 구조하지 못하고 죽음에 이르게 했다.

자유민주주의 국가는 국민의 인간적인 삶을 보장해야 한다. 최소한의 인간적인 삶이 없다면 자유도 없는 것이다. 한국의 자살률은 세계 1위다. 2009년 기준으로 우리나라의 자살률은 31.0(인구 10만명 당)명으로 OECD 평균(11.2명)보다 3배가 많다. 한 해에 만삼천 명이 자살하고 있다. 이런 정부는 자유민주주의를 말할 자격이 없다. 자유민주주의 국가는 국민을 보살피는 따뜻한 집이 되어야 한다.

자유민주주의 국가의 원칙 : 국민의 정치사회경제적 자유 보장, 공정한 기회의 보장, 공평한 경쟁, 국민주권을 보장하는 정부, 민주주의의 지속적 향상, 국민의 삶을 보살피는 정부, 공정한 시장경제, 공평하고 민주적인 경제, 약자의 사회적 참여 지원, 노동권의 보장, 인간적 삶을 위한 복지, 교육 받을 권리의 보장, 질병을 치료받을 권리, 국민의 안전에 헌신하는 치안, 튼튼한

국방, 법 앞에 만인이 평등한 사회, 깨끗하고 정의로운 정부 등으로 구성된다.

자유민주주의 정책에 관하여 : 자유민주주의의 가치에 입각한 정책을 국민들에게 끊임없이 효율적으로 제시하라. "자유민주주의 정당 더불어민주당(국민의당)은 자유민주주의에 입각한 서민경제 활성화 5대 정책 방향을 제시하겠습니다." 식으로 반복하라. 자유민주주의 국가의 원칙에 부합하는 정책을 '자유민주주의'와 묶어서 제시하고 추진하라! 그것이 〈진짜 자유민주주의 프레임〉을 위해서 필요한 '정책정치'이다.

3 국민들에게 자유민주주의가 주는 의미가 그렇게 중요할까?

뉴민주당 플랜은 새누리당의 '가짜 자유민주주의 프레임'에 항복한 플랜이다

지금은 기억하는 이가 별로 없지만, 2009년 민주당은 뉴민주당 플랜을 발표했다.

"이념 색깔을 빼야 중원(중산층, 무당파, 수도권과 충청권)을 얻을 수 있고, 재집권할 수 있다"고 주장했다. 그런 생각에 입각하여 '포용적 성장과 기회의 복지'를 내걸었다. 중산층, 무당파, 수도권과 충청권이 탈 이념적 성향이 강하다는 엉뚱한 분석을 한 셈이다. 새누리당 이명박 정권 하에서 이런 (순진한) 플랜을 발표한 것이다.

전술하였듯이 중간층(중산층과 무당파)은 이념과 가치를 거부하고 '경제 성장'에만 지지를 보내는 계층이 아니다. 중간층은 '자본주의 시장경제'에 대한 선호도가 가장 높은 계층이기도 하지만, '자유' '평등' '민주' '인권' '정의'의 개념에 투철한 계층이다.

본질에 천착하지 않는 비전은 성공할 수 없다. 생각해 보라. 이명박 정권은 민주 정부 10년 동안 쌓아 올린 민주주의를 무너뜨렸다. 성장만능(성장에도 실패했지만), 4대강 사업으로 대표되는 토건국가 추진, 특권층·대기업 편향 경제정책으로 사회정의를 훼손하고 있었다. 이런 상황에서 "이념 색깔을 빼야 한다"(어떤 이념을 말하는지도 알 수 없는 불명확한 태도다)고 말할 것이 아니라 이념과 가치를 더욱 뚜렷하게 세웠어야 했다. 뉴민주당 플랜은 '새누리당의 가짜 자유민주주의 프레임'에서 벗어나지 못한 채로 구상되었다. 조지 레이코프 식으로 말하자면, 코끼리를 생각하지 말아야 하는데 생각하면서 눈치를 본 것이다. '탈이념'이라고 말하는 것 자체가 '새누리당의 가짜 자유민주주의 프레임'에 굴복하는 것이다. 새누리당의 '종북 공세'를 미리 겁내면서 플랜을 발표한 꼴이다.

자유민주주의를 억압하는 이명박 정권의 '부정의'를 정면으로 비판해야 할 상황에서 제1야당이 '탈이념'을 외치는 것은 희극적인 것이다. 이명박 정권 하의 민주주의 파괴, 불공정한 시장경제, 불평등한 부자 감세, 무너지는 사회정의를 자유민주주의의 이념과 가치로 정면 비판했어야 했다. 그 바탕 위에 새로운 대안과 대안의 프레임을 만들 수 있는 것이었다. 그러므로 '포용적 성장'은 가치가 거세된 대중 영합적 구두선에 불과한 우클릭이 먼저 연상되었던 것이다.

프레임이 중요한 이유는, 우리가 추구하는 이념과 가치를 개념화되고 이미지화된 프레임으로 대중이 인지하지 못한다면 우리는 지지받을 수 없기 때문이다. 대중은 자신들이 믿는 가치에 투표한다. 지지받지 못하는데 무슨 수로 세상을 바꿀 수 있나? 그래서 '진짜 자유민주주의 프레임'을 강조하는 것이다.

우리의 것을 담아서
보여주기 가장 좋은 바구니가 바로
'자유민주주의'다

"먹고 사는 문제가 중요한데 더불어민주당은 철 지난 이념 논쟁을 한다." 만약, 새누리당의 입에서 이런 이야기가 나오면 '진짜 자유민주주의 프레임'은 순항하고 있다고 봐도 된다. 그럴수록 '자유민주주의와 경제'를 묶어서 반복하라. '자유민주주의 경제 활성화 대책' '자유민주주의 복지 대책' '자유민주주의 기업 경쟁력 제고 방안' '자유민주주의 영세 자영업자 종합대책'을 준비해서 발표하고 선전하라. 자유민주주의를 잘 구현하는 것이 국민의 먹고 사는 문제를 해결하기 위한 길이라는 것을 설파하라. 자유민주주의를 경제 정책 방향과 같은 카테고리로 묶어서 반복하라.

새누리당과 보수언론은 '진짜 자유민주주의 프레임'을 '진보좌파 세력의 우클릭 선거전략'으로 폄하할 것이다. 그럴수록 일관되게 자유민주주의의 이념과 가치를 프레임으로 강력하게 전파해야 한다. **잊지 말라! '논쟁은 먼저 주도하는 세력이 승리한다.'** 그 과정에서 필연적으로 새누리당의 극우보수적 사고관을 비판해야 할 것이다. 그 바탕 위에서 사회경제적 양극화와 정부의 특권기득권 세력에 대한 옹호를 비판하고, 분노를 조직해야 할 것이다.

한국 비정규직이 처한 현실이 심각한 상황이다.

2013년 고용노동부 발표에 따르면 정규직의 평균임금은 298만 5천원이고 비정규직의 평균임금은 158만 4천원이다. 무려 140만 1천원의 차이다. 비정규직이 정규직 임금의 절반을 받고 있는 것이다. 2015년 기준, 남자 정규직 임금을 100이라 할 때 여자 비정규직 임금은 36이다. 2015년 기준, 상위 10%와 하위 10%의 임금격차는 5.25배이고 차이는 더 심화된다. 최저임금 이하 노동자 비율은 14.7%로 OECD 국가 중에 가장 높다. 이런 극심한 양극화는 한 사회에서 용납될 수 있는 범위를 넘어섰다고 봐야 한다. 근본적으로 한국 비정규직 문제는 '사회적 대타협'을 통하지 않고는 해결할 수 없다. 그리고 산업구조 개혁, 노동시장 개혁과 맞물려서 해결을 고민해야 한다.

한국의 비정규직은 868만 명이다. 사내하청이 정규직으로 잘못 분류된 경우와 특수고용이 자영업자로 잘못 분류된 경우를 감안하면 전체 노동자의 50%가 넘는다고 봐야 한다. 이들을 방치하는 것은 인간의 자유와 평등을 지향하는 자유민주주의 정당도 아니고, 집권을 목표로 하는 자유민주주의 정당이라고 볼 수도 없다. 단기적 대책, 중장기적 정책을 마련하는 것이 집권의 길이다. 절망에 빠진 다수를 살리기 위하여 기득권을 잃는 소수를 설득하는 용기도 필요하다. 이것은 옳은 일이고, 집권의 길이다. 2016년 총선과 2017년 대선을 대비한 특단의 준비가 필요하다.

원자력 문제에 대한 선도적 문제 제기와 대안 제시도 필요하다.

일본 후쿠시마 원전 사고 이후에 국민들의 심리적 불안감이 심화된 상태다. 막연하게 불안감을 조성하는 것은 득이 될 것이 없는 무책임한 행위이지만, 철저하고 종합적인 관리 대책을 국민에게 제시하는 것은 신뢰를 얻는 좋은 정치행위이다. 서해

건너 중국 동남해안에 대규모 원전이 조성되고 있다. 반면 우리 나라의 원전 투명성은 세계 최하위에 속한다. 학계에서 이야기되는 '동북아시아 원전투명성기구' 등을 선제적으로 제안하고, 국내 원전 시설에 대한 획기적 안전관리 대책을 제시해야 한다. 신뢰할 수 있는 정치세력이 되면, 다른 분야의 주장도 더 크게 말할 수 있는 법이다.

이 즈음에서 아직도 남아 있을지 모를 의문에 한 번 더 답해야 할 것 같다.

국민들에게 자유민주주의가 주는 의미가 그렇게 중요할까? 다시 30%의 중간층의 입장에서 생각해 보자. 30%의 중간층은 자유민주주의를 개념적으로 정연하게 이해하지 못하고 있을 수도 있다. 기실, 그들이 원하는 것은 '자본주의 시장경제' 라고 봐야 한다. 그리고 '자본주의 시장경제' 와 '자유민주주의' 가 유사하거나 동일하다는 정도의 관념을 가지고 있다. 그렇다면 뭐가 문제인가?

그들은 '시장경제를 원하지만' '공정하고 민주적인 시장경제를 더 원한다.'

그들은 '자본주의를 찬성하지만' '재벌과 특권기득권층만을 위한 자본주의를 반대한다.'

그들은 '북한공산주의를 반대하지만' '자유롭고 민주적인 사회를 찬성한다.'

그들에게 우리도 당신들과 같은 것을 원하는 사람들이라고 믿게 하는 것, 그것보다 더 중요한 것이 있을까? 더불어민주당이 오래 동안 하지 못했던 것이다. 확신을 주지 못했던 일이다.

'자본주의' 나 '시장경제' 로는 중간층이 원하는 것들의 의미를 다 담을 수 없다.

그들이 원하는 것들을 담아내고, 우리가 하려고 하는 것을 담아서 보여주기 가장 좋은 바구니가 바로 '자유민주주의' 라는 것이다. 그리고 새누리당이 사용하는 바구니가 자유민주주의가 아니라 '극우전체주의' '非자유민주주의' 라는 것을 알리는 가장 효과적인 방법이라는 것이다.

이렇게 설명해도 '진보를 사랑하는 활동가' 중에는 자유민주주의를 외치는 것이 마치 보수를 외치는 느낌이 들어서 싫다고 하는 이가 있을 것이다. 이렇게 말하면 어떨까?

"앞에 '자유민주주의' 를 붙이고 당신이 하던 이야기를 계속해! 그게 바로 자유민주주의야! 뭐가 달라?"

그 관념에 물든 얼굴을 바꾸지 못한다면, 현실의 진보는 없을 것이다. '진보적 자유민주주의' 도 없을 것이다. '진보적 자유주의자' 를 자처하면서 '진보적 자유민주주의자' 를 거부하는 것은 어리석은 자기 관념에 불과하다.

더불어민주당과 국민의당의 분열은
총선에서 독인가?
효과적인 전략이 될 수 있을까?

결론을 먼저 말하자면, 오히려 더 효과적인 전략이 될 수 있다. '자유민주주의를 지향하는 30%의 중간층 유권자'와 '새누리당 지지층 중에 극우전체주의에 포획되지 않은 10%의 유권자'를 새누리당에 덜 빼앗길 수 있는 구도이다. 야당이 설득해야 할 양대 전략 유권자들이 국민의당에 조건반사적으로 반응할 수 있기 때문이다. 즉, 전체 야권의 파이가 확장될 수 있는 가능성이 높아졌다. 그러나 이것이 전체 야당의 승리로 이어지기 위해서는 **두 가지의 문제를 해결해야 한다.**

첫 번째, **일단 조건반사적으로 반응한 중간층과 충성도 약한 새누리당 지지층을 야당이 어떻게 견인할 수 있는가에 있다.** 물론 나는 총론적인 방법을 전술했다. 그러나 변화된 정당 구도의 구체적 현실 속에서 도출되는 다양한 변수와 사건에 대응할 수 있을까 하는 문제는 남는다. 기존의 양대 정당 체제라면,

더불어민주당이 내가 제시한 '진짜 자유민주주의 프레임'을 효과적으로 수행한다면 중간층에 대한 영향력을 확장할 수 있다. 하지만 안철수의 탈당과 이어진 국민의당 창당으로 정당 구도 자체가 변화되었다. 더불어민주당과 국민의당이 함께 '진짜 자유민주주의 프레임'을 만들어야 한다. 그래야 새누리당으로 가는 중간층의 이탈을 막고 중간층과 새누리당 연성 지지층을 획득할 수 있다.

국민의당은 새누리당의 '가짜 자유민주주의 프레임'에서 자유롭다.

그러나 핵심 지지층이 불안정하다. 호남과 중간층 일부에 기대고 있는 형국이다. **국민의당은 양당구조를 극복하고 수권정당으로의 면모를 보여주기 위해서 다양한 검증을 통과해야 한다.** 세 가지를 주문한다.

하나. '안철수 현상'은 '중간층 유권자 바람'이 아니고 '중간층 유권자의 염원'이 표출된 것이었다. '자유민주주의를 지향하는 30%의 유권자'와 '극우전체주의에 포획되지 않은 10%의 새누리당 지지층'을 읽어라. 자유민주주의 가치를 바로 세우는 정치를 하라. 그 가치를 프레임으로 만들어라.

새누리당과 더불어민주당의 중간쯤에 서려는 정치는 아무 개념 없는 정치다. 중간층 유권자들은 단순히 새누리당과 더불어민주당의 사이 어디쯤을 선호하는 사람들이 아니다. 자유민주주의의 가치, 원칙, 정책을 명확하게 하라. 그에 입각해서 정치적 견해를 표방하고 경쟁 정당을 비판하고 경쟁하라. **양대 정당을 함께 비판하려는 형식적 중도 정치를 해서는 안 된다.** 더불어민주당을 비판하고 경쟁하더라도 형식적 중도 정치를 위한 양비론의 행태로 해서는 안 된다. 오히려 극우보수주의 세력인 새누리당을 상대로 능력있게 대처하는 모습이 중간층과 기존 야당 지지층 모두에게 어필할 것이다.

둘. 현대적 민주 정당의 시스템과 룰을 만들고 지속시켜라. 안철수 의원은 '패권정치'를 비판하면서 더불어민주당을 탈당했다. 그 정당성을 차치하더라도, **패권정치와 계파정치를 막는 것은 개인의 선한 의지로 해결할 문제가 아니다. 민주적 정당 질서, 당원주권이 확립되는 현대적 민주정당이 해결할 수 있는 것이다.** 주요 유럽 정당에서 공천문제로 당이 혼란에 빠지는 것을 본 적이 있는가? 한국의 정당문화는 지나치게 봉건적이다. 이것을 극복하는 것이 새정치다.

셋. 특히! **국민의당은 '경제성장과 분배의 선순환을 위한 정책'을 체계적이고 지속적으로 제시해야 한다.** 자유민주주의를 지향하는 중간층은 '경제성장과 공정한 1차 분배'에 관심이 많다. 자유민주주의 시장경제에 대한 선호와 신념이 가장 확고한 계층이기 때문이다. 새누리당에 '분배'가 없고, 더불어민주당에 '성장'이 없다고 느끼는 중간층이 많았었다. 그러나 새누리당은 집권 8년 동안 성장에도 무능하다는 것을 스스로 드러내고 말았다. 새누리당이 성장과 분배에 모두 무능한 정치세력이라는 것을 제대로 비판하지 못한다는 것은 집권을 포기하는 것과 같다. '경제성장과 분배의 선순환 정책'과 '성장·분배에 동시 실패한 박근혜 정부 비판'을 효과적으로 조합하라. 그것이 유능한 야당이 할 일이다.

더불어민주당은 '진짜 자유민주주의 프레임'의 주역이 되어야 한다.

'진짜 자유민주주의 프레임'의 재구성이 성공한다면 최대 수혜자가 될 수 있고, 새누리당을 소수화 할 수 있다. 당력을 집중하여 '진짜 자유민주주의 프레임'을 전파해야 한다. 총선을 기준으로 생각하면 국민의당은 급박하게 창당된 정당이다. 국민의당에 조건반사적으로 반응한 새누리당의 연성 지지층과 중간층을 견인할 수 있는 준비가 부족한 상태다. 중간층이 마음을 바꾸거나 연성 새누리당 지지층이 새누리당으로 돌아가지 않도록 막는 버팀목이 되어야 한다. 그러기 위해서 더불어민주당은 자신들의 정체성을 명확하게 하고, 새누리당의 극우보수 정체성을 드러내야 한다. '진짜 자유민주주의 프레임'은 더불어민주당을 주류로 만들 수 있는 길이다.

두 번째, 더불어민주당과 국민의당이 중간층의 지지를 확보하고 충성도 약한 새누리당 지지층을 일부 견인하였다고 하더라도, **늘어난 지지층에 의한 플러스 효과가 양당으로 분산된 득표 때문에 효력을 발휘할 수 없는 상황이 발생한다. 이 문제를 해결해야 한다.**

전술하였듯이 국민의당 창당 자체는 전체 야권 지지층을 수축시키는 것이 아니라 확장시킨다. 이미 일어난 일이라면 긍정적인 면을 최대화하고 부작용을 최소화해야 한다. 양 당이 '야권연대'를 기정사실화해서 미리부터 협력적인 모습을 보이는 것은 상수가 아니다. 의미가 있든 없든 간에, 서로간의 정당운영과 관련된 견해 차이가 있었다. 그리고 양 당은 역사관과 정치관에도 약간의 차이가 실재한다. 자당의 지지층을 넓히기 위한 노력과 상호간의 경쟁은 장려할 일이다.

양당은 공통적으로 '새누리당 세력의 확장과 재집권에 반대'한다는 명확한 정치적 입장을 천명했었다. 그렇다면 총선과 대선에서 경쟁과 협력은 자연스러운 것이다. 협력의 방식이 '광역시도 단위의 후보 단일화'로 결정하든 '후보별 자율 단일화 허용'으로 결정하든 '선거연대'는 필요하다. 유사한 이념과 노선을 가진 정당들이 연대를 하는 것은 정당정치의 정당한 행위이다. (자유민주주의의 질적 발전을 위해서는 '합의제 정치'가 필요하다. 정당간의 연대와 다양한 정당의 출현을 억압해서는 안 된다. 향후, '소선거구 단순 다수제'와 '결선투표 없는 대통령선거제'를 개혁하고 정당정치의 다원적 발전을 모색하는 것은 한국 정치의 핵심 과제이다)

더불어민주당과 국민의당이 총선 이후 대선을 준비하면서 '통합'을 할 수도 있을 것이다.

만약, 그런 길을 선택한다고 하더라도 '도로 새정치민주연합'이 되는 것은 아무 의미가 없다. '자유민주주의 정당'의 정체성의 바탕 위에서 '진보적 자유민주주의'와 '중도보수적 자유민주주의'가 협력하고 경쟁하는 정당이 되어야 할 것이다. 아울러, 당원주권의 바탕 위에서 정당민주주의 시스템에 따라 운영되는 현대적 민주정당으로 통합되어야 할 것이다. 당내 모든 권력은 공정한 룰에 의해서 창출되어야 한다. 더 이상 계파 지분 싸움과 공천 밥그릇 싸움은 없어져야 한다. 정책과 노선으로 당내 경쟁이 이루어져야 한다. 그것은 양당이 통합하지 않더라도 양당에서 구현되어야 할 것이다.

얼마 전, 총선 출마를 위해서 새누리당에 입당한 한 극우 인사는 이런 말을 했다.

"새누리당은 자유민주주의의 헌법적 가치를 지키는 정당이다."

새누리당 총선 예비후보로 영남지역에서 뛰는 '스폰서 검사 사건'의 당사자도 이런 말을 했다.

"비정상의 정상화, 경제 활성화라는 국가적 과제를 완수하고 자유민주주의 헌법가치를 지키면서 주민들에게 꿈과 희망을 드리고······."

이런 말은, 국민들이 '더불어민주당보다 새누리당이 자유민주주의에 더 가깝다'고 느낄 것이라는 자신감의 발로이다. 이런 표현이 '가짜 자유민주주의 프레임'의 결과이고 반복이다. 이것이 허물어질 때, 새누리당은 현재의 새누리당으로 존재하지 못할 것이다. 도태될 것인가, 변화할 것인가 중에서 선택해야 할 것이다. 그것이 바로 한국 사회가 정상화되는 길이다. '극우보수 인사'와 '스폰서 검사'가 '자유민주주의를 사칭'하며 국회의원직을 탐할 수 없는 정상적인 나라가 되는 길이다.

‘진짜 자유민주주의 프레임’을 구축하기 위한 전략은 곧바로 도전에 직면할 것이다. 새누리당은 우호적인 언론과 방송을 활용하여 낡은 프레임으로 ‘정치적 혐오’를 조장할 것이다. 우리나라 종편 뉴스는 원내 정당인 정의당의 심상정 당 대표에게 "김정은에 대한, 북한에 대한, 김정은에 대한 애정이 있느냐, 정의당은?"라고 닦달하는 수준이다. 뉴스 앵커가 공안검사가 되어서 ‘예스’나 ‘노’로 답할 것을 강요한 것이다. 그러나 결국, 프레임은 진실을 바탕으로 구성될 때 더 강한 힘을 발휘할 수 있다.

강조하건대, ‘논쟁을 두려워하지 말라! 국민들은 바보가 아니다! 우리의 이야기를 신념에 차서 말하라.

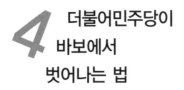

4 더불어민주당이 바보에서 벗어나는 법

2016년 2월 7일, 북한이 발사한 것은 인공위성인가 미사일인가?

북한은 2016년 2월 7일 장거리 로켓에 인공위성을 탑재하여 발사했다. 북한은 대내용 조선중앙TV, 대외용 라디오 평양방송을 통하여 "지구관측위성 광명성 4호를 궤도에 진입시키는 데 완전 성공했다"고 보도했다.

북한의 장거리 로켓 발사는 미국의 CBS 방송과 영국의 BBC 방송 등 세계 각국 언론들이 보도했다. 미국의 CBS 뉴스는 북한의 위성이 궤도 진입에는 실패했다고 예측하기도 했다. 국회 국방위원회 현안 보고에서 한민구 국방부 장관은 "북한은 지구관측 위성이라고 발표했지만 (정부는) 북한이 대륙간탄도탄을 확보하기 위한 수단으로써 위성을 활용한다고 본다"라고 말했다.

1차 정리하자면, 북한이 발사체에 탑재하여 발사한 것은 '인공위성'이 맞다. 한민구 국방부 장관의 말을 해석하더라도, 북한이 로켓에 인공위성을 탑재하여 발사했지만 앞으로 대륙간탄도탄을 탑재하기 위해서 실험한 것이라는 것이다.

그러나 대한민국 대부분의 언론과 방송은 "북한이 장거리 미사일을 발사했다"고 연일 장시간 보도했다. 총선을 앞 둔 대한민국 사회는 극도의 불안감이 조성되었다. 그리고 박근혜 정부는 북한의 미사일 발사를 제재하기 위해서 개성공단 사업을 중단하겠다고 발표했다.

국회 국방위원회 소속 더불어민주당 진성준 의원이 페이스북에 올린 두 개의 글을 소개한다.

아무리 북한이 밉기로
사실(fact)을 왜곡해서는 안 되지요.

북한이 2월 7일 오전 9시 30분에 쏘아올린 것은 '인공위성'입니다. 그것의 크기가 크든 작든, 위성으로서 기능을 하든 못하든 인공위성이라는 사실은 변치 않습니다.

로켓(발사체)의 머리에 인공위성을 실었느냐 아니면 폭탄을 실었느냐 하는 것은 사실관계의 문제입니다. 인공위성을 실었으면 인공위성이라 해야 하고, 폭탄을 실었으면 미사일이라고 해야 하는 것 아닙니까?

문제는 로켓(발사체)입니다. 인공위성을 궤도에 올려놓았다니 대륙 간탄도탄, 즉 장거리 미사일(ICBM)을 쏘아올린 것이나 똑같다고 평가할 수 있습니다. 적어도 과학기술적으로는 그렇습니다.

로켓이 장거리 핵미사일이 되려면 두 가지 문제를 풀어야 한다고 합니다. 하나는 재진입체 기술이고, 다른 하나는 핵탄두 소형화 기술입니다. 저는 북한이 두 가지 기술 모두 확보했을 것이라고 봅니다. 핵실험을 네 번이나 하고 인공위성을 두 번(북한의 주장으로는 세 번)이나 쏘아올린 북한이 그 두 가지 기술을 확보하지 못했을 것이라고 보는 것은 비합리적입니다.

북한이 쏘아올린 것을 두고 미사일이라고 하면 애국적이고 인공위성이라고 하면 종북적입니까?

* * *

박근혜정부가 개성공단마저 중단했습니다.

개성공단 중단으로 더 큰 피해를 보는 것은 북한이 아니라 공단에 입주해 있는 우리 기업들입니다.

전문가의 연구에 따르면, 북한이 잃을 것은 약 1천억원의 노동자들 임금이고, 우리 기업들은 최소 2조원의 손실을 보게 된다고 합니다.

박근혜정부는 북한에게 혹독한 대가를 치르게 하겠다더니 엉뚱하게 우리 기업들에게 대가를 치르게 하고 있습니다.

남북대결을 부추겨 선거에 이득을 보려는 위험한 북풍놀음을 당장 걷어치우십시오!

진성준 의원의 발언에 대한 더불어민주당 동료들의 반응이 사뭇 흥미롭다.

김종인 비상대책위원장은 진 의원의 발언을 보고받고 "왜 당의 결론과 다른 이야기를 하느냐"라고 비판했다.

국회 국방위원회 소속인 더불어민주당 안규백 의원은 "국방위 소속 더민주 의원 대부분이 '장거리 미사일'이라고 일관되게 발언해 왔다. 진 의원의 발언은 사견일 뿐"이라고 말했다.

익명을 요구한 더불어민주당 중진 의원은 이렇게 말했다고 언론에 소개되었다. "지금처럼 예민한 시기에 오해 살 발언" "굉장히 부적절한 처사"라고 말했다.

달걀 껍질을 깨지 않고 달걀을 바로 세울 수는 없다

2차 정리하자면, 야당인 더불어민주당은 발사체(로켓)에 탑재된 것이 인공위성인가 미사일인가 하는 사실관계가 중요하지 않다. 새누리당 정권이 '인공위성이 탑재된 발사체'를 '미사일'이라고 사실과 다르게 국민에게 이야기해도, 그것을 지적하는 것을 극도로 꺼리고 있는 것이다. 더불어민주당 안규백 의원의 "국방위 소속 더민주 의원 대부분이 '장거리 미사일'이라고 일관되게 발언해 왔다"는 발언은, 발사체(로켓)에 탑재한 것이 인공위성이든 미사일이든 우리는 미사일이라고 부르겠다는 뜻이다.

더불어민주당 107명 국회의원들은 로켓에 탑재된 것이 인공위성이라고 판단하더라도, 자신의 생각대로 이야기할 사람은 거의 없을 것이다. 나는 단지, '종북 몰이'를 두려워하는 세태를 이야기하는 것이 아니다. 자신이 콩이라 생각하는 것을 콩이라 말하지 못하고, 팥이라 생각하는 것을 팥이라 말하지 못하는 것을 비판하는 것도 아니다. 선거를 앞두고 '종북 프레임'에 당할 수 있는 발언을 피하는 것이 현명할 수도 있다.

그러나 이 '종북 프레임'을 벗어나지 못하는 한 정상적인 대한민국은 존재할 수 없다. 북한이 갑자기 사라지거나, 통일이 되기 전까지 이런 비정상적인 사회에서 살아야 된다는 말이 된다. 이런 사회에서 자유민주주의가 꽃피고 자유와 평등과 인권이 보장되는 것은 불가능하다. 미사일은 인명을 살상하는 무기이고, 인공위성은 무기가 아니다. 국민에게 거짓을 말해서는 안 된다. 북한이 장거리 로켓에 인공위성을 탑재할 과학기술이 있다면, 로켓에 핵미사일을 탑재할 가능성이 높다고 경계하는 것과 다른 문제다. 진실과 사실이 왜곡되고 있는 것이다. 남북의 화해협력을 위한 6·15 선언에 따라서 조성된 개성공단은 폐쇄되었다. 개성공단 입주 기업과 하청 기업의 피해는 고스란히 한국 경제의 부담으로 돌아온다. 대륙간탄도탄을 요격하기 위해서 엄청난 전자파를 내뿜는 사드(THAAD)가 한국에 배치되면 인근 주민들이 입는 막대한 피해를 어떻게 할 것인가? 이런 '북풍 몰이'가 총선을 앞두고 벌어지고 있는 것이다.

새누리당 정권의 '북풍 몰이'가 무서운 것이 아니다. 더불어민주당이 자유민주주의 세력이라는 것을 국민들에게 명확하게 각인시켰다면, 인공위성을 인공위성이라고 하는 것이 무엇이 두렵겠나? 총선을 앞두고 북풍몰이와 종북몰이를 시도하는 새누리당 정권을 꾸짖지 못할 이유가 있겠는가? 비정상적인 공산주의와 비정상적인 극우보수주의가 만나면 아수라장이 되므로 자유민주주의 정당이 해결하겠다고 나서지 못할 이유가 있겠는가! 2016년 2월 14일, 연합뉴스와 KBS가 여론조사 결과를 발표했다. 〈사드 찬성 67.1%, 반대 26.2%〉〈개성공단 중단 잘한일 54.4%, 현재처럼 가동해야 함 41.2%〉 어떤가?

연이어서 박근혜 정부가 추진하는 '테러방지법'을 정의화 국회의장은 직권상정했다. 북한과 IS의 테러를 막겠다는 명분을 앞세우고 있는 법안이다. 기실, 국정원이 국민의 휴대폰과

통장잔고까지 다 볼 수 있는 법안이다. 국정원이 필요하면 국민의 모든 정보를 추적할 수 있는 법안이다. 국정원의 판단에 따라서 영장 없이 국민을 체포할 수도 있다. 자유민주주의 세력이 정치적으로 자리잡지 못했기 때문에 벌어지고 있는 새누리당 정권의 '극우전체주의적 퇴행'이다. 군사독재 시절의 중앙정보부를 합법적으로 되살리려는 시도이다. '국정원 권한 강화법'이다. 자유민주주의의 가치를 정면으로 부정하는 법안이다. 역사 교과서 국정화, 개성공단 사업 중단, 테러방지법 추진은 '가짜 자유민주주의 프레임'의 연장선상이자 합법적 강화를 꾀하는 것이다.

'진짜 자유민주주의 프레임'이 유통되어서 국민들에게 영향을 미치고 있었다면, 더불어민주당이 주눅들은 바보가 될 필요가 없다. '진짜 자유민주주의 프레임'은 이제 선택이 아니라 필수다. 진실이 우리를 자유롭게 하지 못한다. 우리가 진실을 알려야 할 뿐이다.

임박한 총선을 앞두고 '진짜 자유민주주의 프레임'을 준비하지 못하더라도, 다음 대통령 선거에서 '진짜 자유민주주의 프레임'을 구축하길 바란다.

달걀 껍질을 깨지 않고 달걀을 바로 세울 수는 없다.

4부

자유민주주의자의
정당을
만들어라

1 더불어민주당은 자유민주주의를 향한 신념이 없다

정치인의 자유로운 경쟁, 당원의 민주적 주권, 이것이 자유민주주의 정당이다

자유민주주의를 정립해야 한다고 말했다. 그것을 위해서 '진짜 자유민주주의 프레임'을 만들어야 한다고 말했다. 그렇다면 자유민주주의자의 정당은 어떠해야 하나? 자유민주주의의 근원적 가치가 구현되는 정당을 만들면 된다. 정당의 조직 구성과 활동에서 '자유민주주의 원리'와 무관한 정당이 어떻게 자유민주주의를 사회적으로 구현할 수 있나? 자유민주주의자의 정당은 '자유'의 측면과 '민주'의 측면에서 기본적으로 보장되어야 할 요소가 있다.

첫째, 정당 내 정치 활동의 자유가 보장되어야 한다.

둘째, 자유로운 경쟁이 보장되어야 한다.

셋째, 경쟁의 과정이 공정해야 한다.

넷째, 당원주권이 확립되어야 한다.

다섯째, 당의 의사결정 과정이 민주적이어야 하다.

여섯째, 당내 특권과 기득권이 형성되지 않도록 민주적 장치가 마련되어야 한다.

일곱째, 계파가 아닌 정파의 결성과 활동이 자유롭게 이루어져야 한다.

여덟째, 당직 선출이 민주적이어야 한다.

아홉째, 당원과 국민에 의해서 공직 후보가 선출되어야 한다.

열 번째, 당원의 의무와 권한이 명확해야 한다.

열한 번째, 예산의 집행과 보고가 투명하고 민주적으로 이루어져야 한다.

열두 번째, 자유민주주의의 가치와 정책방향이 당 강령과 정강정책에 명문화되어야 한다.

열세 번째, 위의 내용이 당헌당규에 충실하게 반영되어야 한다.

열네 번째, 위의 내용을 위반하는 당원을 징계할 수 있어야 한다.

열다섯 번째, 윤리심판원의 독립성이 보장되어야 한다.

열여섯 번째, 당을 대표하는 자는 위의 내용을 준수해야 한다.

열일곱 번째, 당 대표를 포함한 주요 선출직을 탄핵할 수 있는 권한이 당원에게 있어야 한다.

'더불어민주당이 민주적으로 운영되고 있나?' 그렇다고 대답할 수 있는 사람이 별로 없을 것이다. 민주적으로 운영되지 않는데도 현 상태가 유지되는 이유는 뭘까? 그 이유는 '가짜 자유민주주의 프레임'이 한국 사회에서 통용되듯이 그릇된 관념에서 비롯되고 있다. 특정 진영을 대표하지 않고 국가를 대표하는 대통령에게는 헌법을 엄격하게 준수할 것을 요구한다. 그러나 정당의 대표는 '진영의 대표'라고 생각하기 때문이고, '진영의 대표'를 가족적이고 가부장적 위계질서에 입각해서 바라보기 때문이다. 조지 레이코프가 말한 '엄격한 아버지'가 '진영의 대표'에 투사(透射)되고, 그 '진영의 대표'가 '당 대표'에게 투사(透射)되는 것이다. 즉, 당 대표는 엄격한 아버지가 되는 것이다. 이제, 그 엄격한 아버지가 민주적으로 당을 이끌 의무에서 해방되는 것이다.

12년 동안 지역위원장을 하면서 당에 헌신한 후보자의 지역구에 경선도 없이 낙하산 공천을 어떻게 할 수 있겠나? 엄격한 아버지인 당 대표가 했기 때문에 가능한 것이다. '엄격한 아버지' 는 극우보수의 은유이지 진보의 은유가 아니다. 자유민주주의의 '자상한 아버지'가 아니다. 더불어민주당의 아버지는 새누리당이 모시는 아버지와 동일한 '엄격한 아버지'이다(양김 정치의 정당문화가 존속되는 측면도 있다). 그렇지 않다면 '민주'라는 당명을 60년 가까이 사용한 정당 내에서 벌어지는 '비민주의 일상화'를 어떻게 설명할 것인가? 정당민주주의 측면에서 볼 때 더불어민주당은 '엄격한 아버지'로부터 벗어나려는 노력을 새누리당보다 못하고 있다. 더불어민주당은 새누리당의 '가짜 자유민주주의 프레임'에 협조하고, 정당 개혁도 새누리당에 뒤처지고 있다. '불임정당'이라는 말은 그냥 나온 말이 아닌 것이다. 과장 같은가?

당헌당규를 위반하는 전 현직 당 대표

안철수 의원의 탈당과정을 보자. 당 대표의 권력은 전당대회를 통해서 당원만이 특정인에게 부여할 수 있는 것이다. 그리고 한시적으로 위임받은 그 권력은 당 대표의 소유물이 아니다. 문재인 당 대표는 당 대표의 권력을 나누어 공유하는 '문안박 연대'를 안철수 의원과 박원순 서울시장에게 제안했다. 나눌 수 없는 것을 나누려고 했으니 당 대표가 당헌당규를 정면으로 위반한 것이다. 그러자 전임 당 대표였던 안철수 의원은 당원들이 전당대회를 통해서 결정한 '당 대표 선출'을 백지화하고, 전당대회를 다시해서 당 대표를 선출하자고 요구했다. 그 요구를 수용하지 않자 탈당했다. 전 현직 당 대표가 앞서거니 뒤서거니 하면서 당헌당규를 무시하고 비민주적 제안을 주고받은 것이다. 전 현직 당 대표가 앞장서서 당헌당규를 무시하고, 당원을 두려워하지 않는다. 이런 '비민주적 행태'를 '민주적 원칙'에 입각하여 비판하는 당내 세력도 없다. 당 대표의 봉건적이고 가부장적 권한이 관습화되었고, 그 권한을 차지하기 위한 패거리 정치와 계파정치가 횡행하는 것이다. 새누리당의 '가짜 자유민주주의 프레임'에 침묵하며 자신들이 자유민주주의자라고 외치지 못했던 더불어민주당, 당내에서도 이런 비민주적 행태에 침묵했던 것이다. 당내에서 기본적 민주주의의 가치를 구현하지 못하는 정당이라면, 새누리당에 맞서서 자유민주주의의 가치와 노선을 설파할 내면적 신념이 없다고 볼 수 있다.

2 당원과 국민을 박수부대로 만드는 정당

더불어민주당의 인재영입 파티

2016년 2월 2일, 대한민국 국회 정론관에서 "새로운 변화가 필요하다"며 더불어민주당 뉴파티위원회 위원인 K가 국회의원 출마를 선언한다. 더불어민주당 뉴파티위원회 이철희 위원장, 금태섭 위원은 출마 선언장에 함께 입장해서 K를 지원했다. 이런 광경을 언론은 보도하고, 더불어민주당의 구성원들은 별 말이 없다. K만이 아니다. 더불어민주당 뉴파티위원회의 멤버들은 줄줄이 이런 형식으로 출마를 선언했고 언론의 조명을 받았다. 그럼 '뉴파티위원회'가 뭐하는 위원회인지 보자.

'뉴파티위원회'는 국회의원 총선거를 앞두고 더불어민주당 최고위원회 의결로 설치된 중앙당 공식 위원회다. 더불어민주당 최고위원회는 "'뉴파티위원회'는 정치혁신과 정당문화의 쇄신을 바라는 국민 여론에 부응하여 이를 선도하는 정당으로 나아가기 위한 비전과 구상을 실천해 나갈 것이다"라고 발표했다. 그러나 '뉴파티위원회'는 소속 위원들이 총선 출마를 지원하는 활동으로 주로 언론에 소개되었다.

문재인 대표 사퇴를 주장하는 당내 비주류 세력의 요구를 거절하고 더불어민주당이 '당 혁신위원회'를 만든 것은 주지의 사실이다. 계파 공천을 방지하고 공정한 공천을 실현하겠다는 명목으로 혁신위원회는 안심번호를 이용한 '상향식 경선'을 결정했고, 당의 공식기구를 통해서 의결한 바가 있다.

뉴파티위원회가 소속 멤버들이 총선에 출마할 때 언론에 주목을 받으려고 만든 위원회인가? '정치혁신'과 '정당문화의 쇄신'을 위해서 만든 위원회인가? 중앙당에서 총선을 앞두고 만든 위원회가 멤버들의 출마를 노골적으로 지원하는 것은, 중앙당이 앞장서서 불공정 경선을 지원하는 셈이다. 기실, 뉴파티위원회가 만들어질 때부터 우려가 되었다. 당 대표가 인재영입의 형식으로 입당시켜서 뉴파티위원회에 넣은 사람들을 제외하면, 멤버의 다수가 이철희 뉴파티위원장과 함께 사적 모임을 갖던 사람들이었다. 더불어민주당 내 문제에 특이하게 '비현역 소장파'라는 명의로 성명서를 내기도 했던 사람들이었다. 이 사모임 멤버들이 제 1야당 뉴파티위원회에 어떻게 대거 들어갔을까? 이게 민주적 공당인가?

이철희의 직책을 보자. 당 비대위원, 당 선대위원, 뉴파티위원장, 전략기획본부장이다. 이철희가 더불어민주당에 없었던 것이 더불어민주당 실패의 최대 요인이었다고 판단했나 보다. 그런데, 이철희는 원래 당에 소속된 활동가였다. 당에 계속 남아 있었으면 저 많은 자리의 근처라도 갈 수 있었을까? 4년 전, 이철희는 민주당 비례후보에서 컷오프(사전 배제)로 탈락했다. 그 당시의 이철희와 현재 이철희의 차이는 하나 밖에 없다. 그동안 종편 방송에 출연해서 얼굴이 알려졌다. 국회의원 비례후보 경선에서 컷오프 되었던 이철희가 방송생활을 한 이철희가 되니, 갑자기 최고 전략가이자 최고 지도부의 자질이 생겨서 당을 구원할 수 있다? 이철희와 뉴파티위원회는 더불어민주당 정당문화의 내재적 문제를 고스란히 드러내는 상징이다.

2016년 1월 19일 CBS 노컷뉴스의 보도를 인용한다.

"유럽이나 미국 등에서 40대 정치적 리더들이 나타날 수 있는 가장 큰 이유는 공천룰이 확정적이기 때문이다. 그러니까 인재영입이 평소에 상시적으로 이뤄지고 영입된 인물들이 정책개발과 집행에 관여하면서 정치적인 훈련을 받게 된다는 것이다. 그렇게 될 경우 세대교체가 자연스럽게 이뤄질 수 있는데 그걸 허용하지 않으려고 인재영입으로 비켜간다는 것이다."

질문을 하자. '정치를 하기 위해서는 정당에 가입해야 한다?' 답은 '아니요' 다. 일찍부터 정당에 가입해서 활동한다고 정당 내부의 시스템에 의해서 양성되어 '정치인' 이 되는 것이 아니다. 그런 인재양성 시스템도 없고, 공정한 경쟁의 룰도 없고, 확정된 공천 룰도 없었고, 국회의원 경선이 이루어지는 지역구의 비율도 얼마 되지 않았다.

그러면 어떻게 했을까? 당내 주류 계파를 중심으로 '하향식 공천' 을 한 것이다. '인재 영입' '젊은 피 수혈' '전문가 영입' '개혁 공천' 등의 미사여구를 사용하며 주류 계파가 외부 인사들을 당에 영입하여, 이들을 '단수 공천' '전략 공천' 의 명목으로 하향식 공천을 해온 것이다. 일부 현역 의원들을 물갈이하여 외부 인사로 교체할 때도 당의 주류는 주로 이런 방식을 이용했다. 여야가 공히 이런 식이었다.

외부에서 활동한 '성공한 엘리트' 가 되어 정당의 주류 계파와 선이 닿는 것이 공직에 진출하는 확실한 길이었다. 그러다 보니 국회의원 공천 때마다 거대 양당은 잡음이 끊이지 않았다. 지난 2012년 총선도 예외가 아니었다. 특히, 승리가 유력했다가 패배한 더불어민주당의 내홍은 극심했다. 그 공천은 '노이사 공천' 으로 회자되며 논란이 극심했다. 더불어민주당이 분당되어 국민의당이 탄생한 이면에는, 2012년 총선 공천을 경험한 비주류의 경계심이 크게 작용한 면도 있다. '공정한 룰에 의하지 않은 하향식 공천' 은 잡음이 생길 요소를 이미 내포하고 있는 것이다.

2016년 총선을 준비하면서 새누리당은 정당역사상 처음으로 전면 상향식 공천을 약속했었다. 반면 더불어민주당은, '친노 패권 문제' 로 비주류의 공격을 받던 문재인 당대표가 '혁신위원회' 를 구성하여 '안심번호를 통한 시스템 공천' 을 결의했다. 그러나 전략공천을 20% 범위 안에서 할 수 있도록 규정하고, 혁신위 안이 시기적으로 너무 늦게 준비되었고, 더구나 혁신안의 구체적 시행세칙을 총선이 임박한 시점까지 수개월 동안 안내하지 않았다. 그리하여 '상향식 공천' 을 통한 '공천 개혁' 의 명분을 새누리당에게 넘겨주었다.

총선이 2달 남은 시점에서 새누리당 소속의 예비 후보는 천 명에 달했고, 더불어민주당 소속 예비 후보는 이백 몇 십 명에 불과했다. 쉽게 말하자면, 새누리당 소속의 출마 예정자들은 '상향식 공천' 의 실시를 믿었고, 더불어민주당 소속의 출마 예정자들은 '상향식 공천' 의 실시를 믿지 않았던 것이다. 이것은 더불어민주당이 자초한 것이다. 새누리당 김무성 당 대표는 기회가 있을 때마다 '상향식 공천을 통한 정당개혁' 을 약속했다.

반면에 문재인 더불어민주당 당 대표는 그런 언급을 적극적으로 하지 않았다. 단지, '시스템 공천'을 가끔 언급했을 뿐이다. 또한 김무성 새누리당 당 대표는 전면적 상향식 공천의 일환으로 '완전 오픈프라이머리'를 함께 실시하자고 더불어민주당에 오래전부터 제안하기도 했었다(선거법 개정이 필요하므로 동시 실시를 제안한 것).

출마 예정자들의 판단이 틀리지 않았다는 것은 더불어민주당의 선대위와 비대위가 구성되면서 드러났다. 문재인 당 대표는 인재영입 위원장이 되어서 '인재영입'을 명분으로 '성공한 엘리트'를 입당시키기 시작했다. 총선과 당내 경선을 앞두고 외부 인사를 당 대표가 직접 영입하여 '인재 영입 1,2,3,4호……' 식으로 넘버를 달았다. 이들을 총선후보로 만드는 과정에서 '상향식 공천'을 제대로 지킬 수 없는 것이다. 영입된 인사들의 자질이나 상품성과 별개로 당의 민주적 경선 질서 자체가 흔들리는 것이다. 더불어민주당 '인재영입 파티'가 불신받는 기존 정치인을 물갈이 하는 면에서 여론의 호응이 없는 것은 아니다. 하지만 이런 것은 '정치 불신'에 기댄 하나의 이벤트에 불과하다. 근본적으로 '공정하고 민주적인 경선'이 역동적 축제가 되도록 하는 것이 정당이 갈 길이었다.

더불어민주당이 혁신안에 따른 상향식 공천을 하더라도 민주적 경선이라 이미 보기 힘든 상태다. 전략공천 20% 도입, 인재영입된 인사의 특혜, 뉴파티위원회 소속 멤버들의 불공정 행위 등으로 '상향식 공천'이 공천의 근간이 아니라 장식물처럼 되었다.

더한 문제는 또 있다. 총선 투표일까지 2달, 후보 선출까지 1달 정도 남은 시점에서야 여야합의에 의한 선거구가 겨우 획정되었다. 그런데 더불어민주당은 안심번호 국민경선에 입각한 경선 시행세칙도 안내하지 않고 있다. 이즈음에 막 구성된 '공천관리위원회'가 세부 사항을 정할 태세다. '공천관리위원회'는 그야말로 공천과정을 공정하게 관리하는 기구이어야 한다. 더불어민주당이 경선률의 기본만 정하고 수개월 동안에 구체적 시행세칙을 안내하지 않은 것은, 실질적 상향식 공천의 의지가 없었다고 봐야 한다.

'정치신인은 어떻게 준비할 수 있었을까?' 지도부가 인재영입하는 케이스를 제외하고, 신인이 더불어민주당의 경선을 제대로 준비하는 것은 불가능했다. 4년 동안 9명의 보좌를 받으면서 지역구를 관리한 현역의원과 경쟁하는 것은 더더욱 불가능하다.

새누리당 김무성 대표가 오래 전에 전면적 오픈프라이머리를 더불어민주당에 제안했을 때, 더불어민주당과 혁신위원회는 오픈프라이머리가 '정치신인에게 불리하므로' 받을 수 없다고 강조했었다. 더불어민주당이 오픈프라이머리에 결함이 있어서 수용하지 않았다면, 오픈프라이머리보다 더 공정하고 민주적인 상향식 경선이 실제로 이루어지도록 노력을 했어야 했다.

김무성 새누리당 대표와 '완전 오픈프라이머리'로 대타협을 했다면, 선거 때마다 비생산적 계파분쟁의 근원이었던 정당 공천이 전면적 상향식 경선의 시대로 진일보할 가능성이 있었다.

정치신인들이 경선을 제대로 준비할 여건 자체를 만들지 않은 더불어민주당이다. 그 결과가 새누리당 총선 예비후보 천명이 뛰고 있을 때 더불어민주당 총선 예비후보는 삼백 명 정도에 불과한 것이다(전국의 지역구는 253개다). 더불어민주당이 '오픈프라이머리가 신인에게 불리하므로 거절'한다고 했으니 모순이 아닐 수 없다. 정당 내의 기득권이 존속되는 것이 아니라 정당 내에서 공정한 경쟁이 확립될 때, 당원과 국민이 주인으로 참여하는 '현대적 민주정당'의 기본이 마련되는 것이다. 그것은 정당이 사회 개혁의 도구가 될 수 있는 기본조건이라고 볼 수 있다.

도대체 이런 '비민주주의의 일반화'가 정당 내에서 왜 일어나고 있을까? 실질적 양당제가 지속되는 상황에서 양 당의 후보 선출이 민주적 원리에 입각하지 못하고 있다면, 이것은 국민 참정권의 훼손으로 볼 수 있다. 새누리당의 '상향식 경선'은 더 지켜봐야 하겠으나, 사회적 기득권 세력이 누리는 특혜·특권을 비판했던 더불어민주당의 이런 비민주적 정당 운영은 비판하지 않을 수 없다. 당내에서조차도 민주주의를 실천하지 못한 더불어민주당이 한국 사회의 민주주의를 지킬 수 있었을까? 극우보수세력에 맞서서 내면화된 자유민주주의의 이념과 가치에 입각하여 싸울 수 있었을까?

헌법을 위반하는 양대 정당

비민주적으로 운영되는 정당이 공정한 사회를 만들 수는 없다. 한국의 지식인, 언론인, 사회 활동가들은 국가 공동체를 위한 활동의 기본을 방기하고 있다. 국가의 권력기관을 장악하여 권한을 행사할 한국의 정당들이 민주적으로 운영되지 않는 것을 방관한다. 더 나아가서 이런 정당에 협조하고 이들의 비민주적 행태에 동참하기도 한다. 그리고 그들은 정당이 나누어주는 권력을 공유하며 기득권을 획득하기도 한다. 중간층과 정치무관심 층이 양산되는 원인이기도 하다.

헌법 1조 2항은 이렇게 말한다.

"대한민국의 주권은 국민에게 있고, 모든 권력은 국민으로부터 나온다."

헌법 8조 2항은 이렇게 말한다.

"정당은 그 목적·조직과 활동이 민주적이어야 하며, 국민의 정치적 의사형성에 참여하는 데 필요한 조직을 가져야 한다."

대한민국 정당이 위의 헌법 정신을 지키고 있었던가? 물론, 전혀 그렇지 않았다.

이렇게 헌법에 위배된 정당운영이 가능한 이유는 법적 미비에서도 원인을 찾을 수 있다. 공천문제를 보자. 헌법 8조 2항을 구체화해야 할 공직선거법은 공직선거후보자 추천방법의 한 예로 경선을 예시하고 있지만, 헌법의 규정을 강제하는 법률 조항이 없다. 정당의 당헌 당규도 민주적 공천을 추상적으로 명기하지만, 당 지도부에 의한 하향식 공천을 막을 수 있는 규정이 없었다. 관행적으로 하향식 공천이 주를 이루고 있다. 헌법의 정신을 충족시키지 못하고 있는 것이다. 당 지도부가 공천권을 소유하고 있는 것이 당연시 되었고, 더 큰 문제는 언론이 이런 문제를 지적하는 경우도 드물었다. 시민단체도 이런 문제점을 제대로 지적하지 않았고, 오히려 기성 정치를 혐오하는 사회분위기에 편승하여 시민단체 리더들이 하향식 공천으로 정치권에 진입하는 사례가 많았다.

그러나 새누리당 김무성 당 대표는 2016년 총선을 넉넉하게 남겨 둔 시점부터 "공천권을 국민에게 돌려드리겠다"고 강조하기 시작했었다. 그 영향으로 새누리당 예비 후보들은 자신의 지역구에서 경선을 미리부터 준비했었다. 결과적으로도 새누리당은 '당원 30% 국민 70%'의 비율로 전면적 상향식 공천안을 통과시켰다. 더불어민주당의 상황은 전술했다.

그렇다면 이제 헌법 8조 2항의 요구대로 우리 양대 정당들이 민주적 정당으로 거듭날 것인가? 나는 그렇게 낙관할 수 없다고 본다. 먼저 새누리당을 보자.

김무성 새누리당 대표가 '상향식 공천'을 도입한 이유는 크게 2가지로 이야기되고 있다.

첫 번째는 기존의 하향식 공천 위주로 지속했을 경우에 청와대의 입김에서 자유로울 수가 없다. 예비 후보자 대부분이 임기가 많이 남은 대통령을 향해서 줄을 설 것이라 예측한 것이다. 소위 '친박'이 다수인 최고위원회에서 구성하는 '공천심사위원회'가 청와대의 눈치를 보지 않을 수 없다. 자신과 경쟁하고 있는 친박 세력의 약진을 경계한 것이다. '상향식 경선'

이 자신의 당내 입지를 위해서도 유리하다고 봤을만 하다.

두 번째 이유는 전면적 상향식 공천을 양대 정당 역사상 최초로 도입한 대표가 되는 것이다. '정당 개혁'을 이루어 낸 대표라는 정치적 명분을 얻는 것이다. 김무성 대표는 이전 재보궐선거에서도 경선을 통한 후보공천을 실천했었다. 그는 대통령 출마를 꿈꾸는 인물이다.

그러나 나는 이러한 이유로 김무성 당 대표의 '상향식 공천 추진'이 폄하되어서는 안 된다고 본다. 정치는 사적 이익을 공적 이익에 일치시켜 나가는 것이다. 공적 이익에 부합되는 안이 개인에게도 정치적 이득이 된다고 해서 비난할 수는 없다.

그러나 새누리당은 '우선추천제'라는 예외 조항이 뇌관으로 남아 있다. 여성·장애인을 공천하는 경우와 경쟁력이 없는 지역구에 한해서 우선추천지역으로 선정할 수 있는 제도이다. 새누리당 당헌 제103조 2항에 근거한다. 하지만 하향식 공천이 늘어나는 것이 유리한 친박 세력은 '우선추천제' 조항을 확대하려고 시도할 가능성이 높다. 이와 관련된 친박과 비박 간의 갈등으로 인해서 김무성 당 대표가 강조하는 '상향식 공천'에 난관이 있을 수 있다. '공천관리위원장'도 친박 인물이다. 그렇다고 해도 2016년 새누리당 총선 공천에서 큰 흐름이 '상향식 공천' 위주로 되는 것을 막기는 쉽지 않다. 이미 너무 많은 예비후보자들이 경선을 기정사실로 수용하여 뛰고 있기 때문이다.

　더불어민주당의 '상향식 공천'은 새누리당보다 더 불안정하다.

　전술했듯이 당 지도부인 비상대책위원회 위원인 이철희는 자신이 위원장을 맡은 뉴파티위원회 위원의 출마를 지원했다. 이것을 지도부의 지원이라 해석해도 무슨 무리가 있겠나? 그렇게 지원받은 뉴파티위원회 위원과 경쟁을 해야 하는 후보자에게 경선은 이미 불공정한 것이다. 김무성 새누리당 대표는 더불어민주당에 비교하면 총선 직전 인재영입을 자제했고, 당내 다른 계파의 요구로 영입을 하면서도 영입인사들이 공정한 경선을 거쳐야 한다고 강조했었다. 이것은 '상향식 공천'을 대하는 양당 지도부가 가진 신념의 차이를 드러내는 것이다.

　당내 비주류의 '친노 패권'에 대한 비판, 총선 공천이 공정하지 못할 것이라는 비판을 무마하기 위해 만든 '혁신안'이라는 의심을 자초하고 있다. 무릇 모든 제도는 그것을 실행하는 사람의 의지가 수반되지 않으면 절름발이 제도에 불과하게 된다. 똑같은 헌법과 법률 아래에서도 정권에 따라서 민주주의가 어떻게 후퇴할 수 있는지를 보지 않았는가. 아울러 무엇보다 큰 문제는 전략공천이라는 제도를 존속시킨 것이다.

　'전략 공천'이 무엇인가? 말을 풀자면 '공천을 전략적으로 하겠다'는 것이다.

그 '전략'도 두 가지가 있을 수 있다. 하나의 경우는, 특정 상대 후보를 꺾을 수 있는 후보를 전략적으로 선정하여 특정 상대 후보의 지역구에 공천하겠다는 것이다. 다른 하나의 경우는, 꼭 당선시켜야 될 자기 당의 후보를 당선 가능한 지역구에 전략적으로 공천하겠다는 것이다. 두 경우 모두가 국민 주권과 당원 주권에 반하는 모순을 안고 있지만, 통상 전자의 경우를 이야기한다. 꼭 꺾어야 될 상대 후보를 선정하는 것도 지도부의 자의적 판단이지만, 특정 상대 후보를 꺾을 수 있는 후보를 그 지역의 당원과 주민들은 잘 선택하지 못할 것이라는 전제가 필요한 논리다. 실제로는 지도부나 주류 계파가 하향식 '낙하산 공천'을 하기 위한 방법으로 사용되어 왔다.

공천을 위한 경선을 하였을 경우에 주류 계파 후보의 승리를 장담하기 힘들 경우에 전략공천을 활용했었다. 이것은 엄밀하게 말하면 경쟁 후보에게서 헌법이 보장한 피선거권을 박탈하는 행위이다. 가령, B후보가 자신의 정치적 노선에 맞는 더불어민주당에 가입하여 수년 동안이나 공직후보가 되기 위해서 정치활동을 했다. 그 지역구가 선거를 한 달 앞두고 '전략공천 지역'으로 선정되면서 하향식 전략공천으로 C후보를 공천했다. 그 결과는 B후보의 피선거권이 공정한 과정도 없이 박탈된 것이고, 헌법이 정당에 요구한 '지역 당원과 주민들이 정치적 의사형성에 참여'할 수 있는 기회를 삭제한 것이 된다. 그 B후보의 경우처럼 수년 동안을 헛된 고생을 하지 않도록 하기 위해서는 '전략공천 지역구'를 미리 선정해서 발표해야 한다는 논리도 나올만 하다. 그러나 그 지역 당원과 주민들의 더불어민주당 후보 선출에 참여할 수 있는 권리가 왜 박탈당해야 하는지를 설명할 수는 없다.

2012년 19대 국회의원 선거, 더불어민주당은 부산의 18군데 지역구 중에서 2군데 지역구를 야권연대를 이루기 위하여 통합진보당에 양보했다. 16명의 더불어민주당 지역구 후보 중에서 득표율이 끝에서 1,2,4 위였던 후보들이 당 대표가 직접 발표한 '전략공천 후보'였다. 군소 정당이었던 통합진보당 후보를 포함해도 전략공천 후보들은 18지역의 야당 후보 중에서 득표율 기준으로 15,17,18 등을 했다. 더 문제는 더불어민주당은 3명의 전략공천 후보 외에도 모든 지역구 후보가 단수공천이었다. 부산 전 지역구가 경선이 없는 하향식 공천이었다. 전략공천은 상대당 후보를 꺾기 위한 효과적인 수단이 아니다. 당주류 계파가 자기 사람을 공천하는 편리한 방법일 뿐이다.

양당이 헌법 8조 2항의 요구에 따른 민주 정당으로 거듭 날 정치적 의지가 있다면 공직선거법과 정당법을 개정해야 한다.

헌법 정신에 따라서 공천과정의 민주적 절차를 법제화하는 것은 입법부의 의무이다. 이 의무를 여야가 자신들의 기득권을 위해서 함께 외면해왔던 것이다. 민주적 공천을 법제화하고, 비민주적인 하향식 공천의 금지를 법으로 명문화하면 된다.

　현재 양당이 실시하려는 '상향식 공천' 은 공히 불완전하고 불안정한 상태다. 당내 권력투쟁을 위해서 급조하여 이용하고 있다고 봐야 한다. 양당은 수십 년간 헌법을 위반하며 정당 운영을 해 온 셈이다. 한국 정당정치가 한국사회의 최대 걸림돌이 되었던 것은 이와 무관하지 않다. 양당이 함께 외치는 '정당 개혁' 이 '불가역적인 개혁' 이 되기 위해서는 공직 선거법을 개정해야 한다. 헌법의 요구에 맞게 개정하는 것은 자유민주주의의 기본을 갖추는 것이다. 기본을 확립하지 않고 말하는 모든 미사여구는 모래 위의 성과 같다.

3 민주적 상향식 공천을 하라

정치인은 자신을 죽이려는 사람에게 충성한다

앞에서 공천 제도와 관련하여 새누리당과 더불어민주당의 문제점을 살펴보았다.

양당이 공히 문제를 안고 있지만, 2016년 20대 총선을 맞이하는 과정만 놓고 보면 더불어민주당이 더 낡은 관습을 반복하고 있다. 물론, 새누리당은 대외적으로 자기모순을 감추고 재집권을 위한 전략적 선택을 효율적으로 하고 있는 셈이다. 새누리당이 영리하게 준비했던 2012년 총선이 떠오른다! 반면, 더불어민주당은 정당민주주의를 대하는 근본 철학이 부재한 상태이다. 그 순간을 모면하기 위해서 대중에 영합하는 방식만으로 한국 정치의 주류가 될 수 없다. 대중을 자기 당의 가치로 견인하고 소통하지 못한다면 정치적 주류가 될 수 없다. 집권

할 수도 없다. 성찰이 필요하다.

정당민주주의를 강조하고 그 중에서도 '상향식 공천'의 중요성을 이야기하면, 날카로운 시각을 뽐내고 싶은 더불어민주당 관계자 중에서 이런 말을 하는 사람들이 있다.

"대중들은 공천을 어떻게 하는가에 관심이 없어. 좋은 사람을 공천하는 것이 중요할 뿐이야!"

말문이 막힐 정도로 문제가 많은 말이지만, 의미 있는 암시를 주는 말이기도 하다. 한국 민주주의를 위해서 투쟁해왔다고 자부하는 더불어민주당이 왜 이런 무기력한 상태에 빠져 있는지, 이런 인식구조의 봉건성이 새누리당의 '가짜 자유민주주의 프레임'에서 벗어나지 못하는 원인이다.

더불어민주당은 계파가 존재한다. 정파가 아닌 계파인 이유는 정치이념적 노선의 동질성을 기준으로 형성된 세력이 아니라 친소관계를 중심으로 형성되었기 때문이다. 친소관계에 의해서 형성된 계파는 권력과 기득권을 유지하기 위해서 단결하기 마련이다. 그리고 그 계파 정치는 당이 현대적 민주정당으로 나아갈 수 없도록 만드는 봉건적 정당문화를 형성한다. 당권을 장악한 계파는 자신들의 주류적 위치를 유지하기 위해서 '공정한 공천'을 할 수 없는 것이다. 비주류의 위치에 있을 때

불공정한 공천을 비판하던 세력도 자신들이 당권을 장악하면 똑같은 행태를 보이는 이유인 것이다.

물론, 당 지도부와 주요 계파의 수장들도 선거에 지고 싶을 리는 없다. 자신들의 계파 구성원이 많이 공천되는 것이 우선이지만 선거에도 승리하고 싶을 것이다. 그러므로 중앙당 탁자에 앉아서 대중들이 좋아할 인물을 선정하고, 자기 계파로 영입하여 공천을 받을 수 있도록 작업하는 것이다. '인재영입 효능성'을 믿고 있는 것이다. 이렇게 영입한 사람에게 '상향식 경선'을 하라고 할 수는 없다. 영입인사를 위해서 상대 계파 현직 국회의원들의 지역구를 뺏기도 하는 것이다. 이러한 것들이 가능하도록 만든 제도가 '단수 공천'이고 '전략공천'이다.

이렇게 영입되어 손쉽게 공천을 받고 국회의원이 되어서 온갖 특혜를 누리는 사람이 누구를 위해서 정치를 할까? 당원과 국민에게 신뢰받기 위한 정치를 할까? 자신에게 공천을 준 실력자와 자신의 기득권 유지를 위한 정치를 할까? 더불어민주당은 총선 때마다 '훌륭한 인물'을 모시고 와서 '하향식 공천'으로 배지를 달아주었다. 더불어민주당이 훌륭해졌는가? 이래서 "괜찮은 사람도 민주당에만 가면 이상해진다"는 말이 유행했던 것이다.

그리고 백번을 양보해서, 대중이 공천을 어떻게 하는지에 관심이 없다고 하더라도, 선거 때마다 공천 밥그릇을 차지하기 위해서 계파 간 이전투구를 벌이는 모습은 싫어한다. 선거에 도움이 되지 않는 것만이 아니라 정치 혐오를 부추긴다. 정치 혐오를 통한 '중간층의 투표 기권'은 새누리당의 오랜 선거 전략이었다. 더불어민주당은 새누리당의 '가짜 자유민주주의 프레임'에만 동참한 것이 아니고, '비민주적 정당운영에 의한 정치 혐오 프레임'에도 적극적으로 함께 해 온 것이다. 60년 동안이나 '민주'라는 단어를 당명에 달고 있었던 더불어민주당이 그랬다. 과거 양김시대에는 군사독재 정권의 공작정치와 맞선 특별한 상황이므로, 정당 내 민주주의 부재에 관해서는 국민적 양해가 있었다. 그러나 21세기 인터넷 정보화 시대에 봉건적·권위적 정당문화가 여전히 존속되는 것은 희극적이다.

정당은 국가 권력을 맡아서 국민을 대의하는 정치를 하기 위한 조직이다.

국민의 민주적 선거를 통해서 국가 권력을 맡을 수 있는 권한이 정당에 부여된다. 국민이 선택할 수 있도록 국민에게 추천하는 정당 후보가 비민주적으로 선출된다면, 국민을 속이는 것에 다름 아니다.

헌법 8조 2항의 "정당은 그 목적·조직과 활동이 민주적이어야 하며, 국민의 정치적 의사형성에 참여하는 데 필요한 조직을 가져야 한다"를 명백하게 위반한 것이다. 비정상적인 극우보수 정치세력과 맞서는 정당이 '민주주의에 대한 신념'이 부재하다면 어떤 결과를 낳는지를 우리는 목도하고 있다. '새누리당 장기집권' '새누리당의 개헌 저지선 돌파'라는 전망을 낳게 하는 무기력한 더불어민주당을 보고 있는 것이다.

2016년 총선을 앞두고 더불어민주당은 당내 갈등을 봉합하기 위하여 형식적으로 '혁신안'을 마련했지만, 총선이 다가오자 근본적 개혁을 통한 국민적 신뢰회복에 노력하기보다 또 다시 과거의 관성에 따르고 있다. 4년 동안 정당을 혁신하지 않다가 선거가 다가오면, 인재를 영입하여 당을 혁신하겠다고 하는 것은 오래된 거짓말이다. '인재'를 규정하는 기준도 없고 '영입'의 절차도 없다. 당 대표와 당의 주류들이 은밀하게 진행하여 '깜짝 발표'를 할 뿐이다. 그리고 이들을 당 지도부와 선거기구에 밀어 넣었다. 이것은 선거용 이벤트 행사에 불과하다.

성공한 엘리트 위주의 인재를 영입하여 쇼윈도우에 전시하면서 표를 구걸하는 것, 이것으로 선거를 치루는 것을 더불어민주당은 다시 한 번 더 연장했다. 2부에서 이야기했듯이 2012년 총선에서 새누리당은 김종인, 이준석, 손수조, 이자스민, 하태경 등으로 영입인물 선정을 잘하여 효과를 보았다. 더불어민주당은 새누리당이 4년 전에 잘 한 것을 4년 후에 따라서 잘하려고 하는 것이다(4년 전의 새누리당은 더불어민주당 보다도 더 많은 지역에서 상향식 경선을 하였고, 더불어민주당은 새누리당과 마찬가지로 인재영입을 했었다). 고작, 지난 총선 패배로 얻은 교훈이 인재영입을 할 때 인물선정을 잘하자는 것인가 보다. 부끄러움도 없이 인재영입 1호, 2호, 3호……. 라고 자랑하고 있다.

2016년 총선을 앞두고 더불어민주당 간부들 중에는 문재인 당 대표에게 공개적으로 '과감한 전략공천'을 주문하는 이도 있다. '국민들은 현재의 정치권을 불신한다. 국민의 눈높이에 맞추기 위해서, 현직 의원들의 상당수를 물갈이 하고 신선한 인물로 전략공천하자.' 아마 이런 생각일 것이다. 그런데 그 방식은 이미 낡은 방식이다. 그 명목으로 상대 계파 의원들을 학살하고 자기 계파 의원들은 보호한다는 논란은 지겹도록 있었다.

지난 2012년 총선에서 대부분의 지역구를 전략공천과 단수공천으로 도배했는데 대표가 덜 과감해서 패배했을까? 안철수·김한길 전 공동대표가 전략공천으로 도배한 지난 재보궐 선거는 왜 졌을까? 남이 하면 불륜이라더니, 문재인 대표는 로맨스 주인공인가? 지난 재보궐 선거에서 손학규, 김두관이라는 유명인을 꺾고 당선된 무명의 김용남 의원과 홍철호 의원은 새누리당 내 경선을 이기고 올라온 지역밀착형 인물이다. 그런데 더불어민주당에는 그런 인물이 많지 않을 것이다. 총선이 코앞에 다가올 때까지 구체적 경선 시행세칙이 불명확하다. 걸핏하면 전략공천과 단수공천으로 도배하는 정당에서 누가 불안해서 지역을 제대로 닦겠나? 이 현실을 인정해야 한다.

지름길은 없다. 기본에 충실해야 한다. 공정하고 자유로운 '상향식 경선'이 활성화되어 정치 축제가 되는 것이, 정치적 자유주의자들이 자발적으로 모여서 가장 역동적으로 자기 능력을 발휘할 수 있는 장이다. 국민경선의 역동성이 기적처럼 노무현 대통령을 탄생시켰던 역사를 잊었는가?

그러나 지명도, 조직, 자금력이 우세한 후보들이 일방적으로 유리한 경선이 되어서는 안 된다. 후보의 자질을 당원과 참여 국민들이 판단할 수 있도록 경선 방식이 보완되어야 한다. 투표자들이 후보자들의 연설·토론회를 오프라인과 온라인을 통해서 접할 수 있도록 하는 것도 방안이 될 수 있다.

정당은 국민과 지지층을 제대로 대의하는 것이 최고의 능력이자 전략이다. 당원과 국민을 박수부대로 전락시키는 정당은 성공할 수 없다. 당원과 국민이 주인으로 참여하는 공정한 경쟁이 꿈틀거리는 역동적인 민주정당이 승리할 수 있는 것이다. 천 명의 예비후보가 뛰는 새누리당, 예비후보 이백 몇십 명이 뛰는 더불어민주당이다. 자유민주주의 정당이 극우보수주의 정당보다 획일적이고 중앙통제적이라면 문제가 있는 것이다. 뭔가 거꾸로 된 거 같지 않나? 더불어민주당을 이끄는 지도부의 성찰, 당원들의 비판이 필요하다.

"더불어민주당은 정치혐오에 편승하는 총선전략을 준비하고 있습니다. 그것은 선거를 앞두고 비민주적인 정당정치에 화장을 하면서 영합하는 것입니다. 근본적인 해결은 당원과 국민을 정당의 주인이 되도록 하는 것입니다. 이것이 진짜 혁신입니다. 저는 이것을 위해서 앞장서서 노력하겠습니다!" 이렇게 외치는 새로운 정치 리더가 없는 더불어민주당의 현실이 안타깝다.

버락 오바마는 하버드대학교를 졸업한 변호사였지만 '인재영입'을 통해서 정치에 입문하지 않았다. 일리노이주 투표 프로젝트 캠페인을 통하여 지역민을 현장에서 만났다. 그런 활동을 거쳐서 주 상원의원이 되었다. 2000년, 연방 하원의원에 '전략공천'이 된 것이 아니고 민주당 연방 하원의원 후보 경선에서 패배했다. 그런 민주적 당내 경쟁을 거쳐서 버락 오바마는 연방 상원의원이 되었고 미국의 44대 대통령이 된 것이다.

'경제 민주화'를 주장하면서 재벌·특권층의 불공정한 시장 지배를 비판하는 더불어민주당이다.

정작, 자신들의 당내에 존재하는 특권·기득권은 청산하지 않고 불공정 경쟁을 일삼았다. 국민들의 '정치 불신'은 더불어민주당이 자초한 것이다.

정당의 시스템에 들어와서 민주적 경쟁을 통해서만 공직후보가 될 수 있다면, 공동체를 위한 소명의식과 책임윤리를 구현할 실력 있는 정치지망생들은 스스로 입당할 것이다. 유럽의 전통 있는 민주정당에선 당연한 과정이다. 지금처럼 '인재영입'을 통한 '하향식 공천'이 효율적 정계진출로 통용된다면 일찍부터 정당에 가입하는 것은 바보짓이 된다. 정당 외부에서 경력을 쌓고 활동하는 것이 훨씬 효율적 정계입문의 길이다. 정당 스스로가 '정치 전문가'를 양성하지도 않고 인정하지도 않는다. '성공한 엘리트'가 정치적으로도 유능하다고 증명된 것이 아니다. 아울러 '성공한 엘리트'가 대의 정치를 독점하는 것도 옳지 않다. 비정규직과 영세자영업자를 대표하는 정치인을 국회에서 볼 수 있는가? 새누리당과 더불어민주당은 공히 이런 문제를 야기한 협력적 동반자였다.

전술하였듯이, 2016년 총선을 앞두고 양당은 내부적 모순과 정치적 계산에 의해서 불안정하고 형식적인 '상향식 공천'을 추진하고 있다. 이 과정에서도 더불어민주당은 새누리당에게 상대적으로 뒤쳐지고 있다. 김무성 새누리당 대표의 말을 들어보자.

"당내에서 (인재 영입 관련) 일부 이야기가 있다. 그러나 새누리당은 정치권의 최대 개혁인 상향식 공천을 확립했고, 이를 믿고 수많은 인재들이 이미 새누리당 간판으로 예비후보를 등록했다. 야당이 법안 처리는 외면한 채 분당 사태에 대한 대응책으로 인재 영입에 몰두하고 있다. 야당에서 인재라고 내세우는 수준의 인사는 열거할 수 없을 정도로 새누리당 소속으로 예비후보 등록을 해서 현장에서 뛰고 있다."

김무성 대표는 자신의 지역구도 경선을 실시한다고 강조하며 경쟁후보를 언론에 소개하기도 했다. 이런 적극적 의지의 결과로, 새누리당이 상향식 공천을 도입한 것은 국민에게 알려지고 있다. 각 지역구 별로 예비후보들이 치열하게 지역을 닦고 있다. 그러나 연일 '인재영입 이벤트'에 몰두했던 더불어민주당은 '상향식 경선'의 실시여부가 제대로 알려져 있지 않고, 경선 분위기는 고조되지 않고 있다. 언제까지 인재를 영입하여 선전하는 것만으로 총선준비를 할 수는 없다. 결국 지역구에서 표를 받는 것은 선출된 지역구 후보자다. 후보 선출 경선에 천 명 이상이 참여해서 경쟁하는 새누리당, 2배수의 경선 참여자도 확보되지 않은 더불어민주당, 이 차이는 실제적인 득표에도 영향을 미칠 것이다. 새누리당 경선에 참여한 예비후보들이 만든 선거조직과 인맥은 새누리당에 흡수되어 최종 후보에게 도움이 될 것이다. 반면에 공정한 상향식 경선 실시를 믿지 못한 더불어민주당 성향의 정치지망생들은 공천 신청을 하지 않았다. 양 당 사이에서 선택을 고심하던 예비 후보 중에는 경선 실시가 확실해 보였던 새누리당을 선택한 경우도 있을 것이다. 지난 2012년 총선에서도 새누리당은 더불어민주당보다 더 많은 지역구에서 '상향식 경선'을 실시했다. 새누리당의 당 조직의 규모가 더불어민주당을 점점 더 압도하는 것에는 이런 원인도 있다. 다가오는 대통령 선거에서도 양당의 지역구별 조직력 격차는 득표율에 큰 영향을 미칠 것이다. 박빙의 경쟁이 된다면 더욱 결정적 차이가 될 것이다. 당원을 무시하는 더불어민주당, 당원의 주권이 사라진 더불어민주당, 기본을 지키지 않는 정당은 발전할 수 없다.

국민의당은 처음부터 현대적 민주정당의 골격을 준비해야 할 것이다.

당장의 편리함과 효율성보다는 원칙을 제대로 확립하는 것이 중요하다. 잘못된 관성은 오래 간다. 기존 양대 정당이 보여주지 않았는가!

당원교육 시스템의 현대화, 당 정치 프로그램을 통한 인재양성과 발굴, 공직후보 육성 프로그램, 지역위원회와 시도당 당원들의 수평적 토론 활성화, 공직후보 선출 규칙의 지속성 확립, 당원주권의 확립 등은 당장의 선거 승리만 생각한다면 준비하기 쉽지 않을 것이다. 그러나 이런 준비를 통하여 '자유민주주의 정당'의 토대가 마련될 것이다. 새로운 정당정치를 위한 정당문화의 혁신이 가능할 것이다.

자유주의자들이
민주적으로 경쟁하는 당이 승리할 수 있다

유시민 전 국회의원은 방송토론에서 이런 말을 했다.

"더불어민주당의 혁신안, 12년 전 열린우리당 창당 당시 당헌당규와 싱크로율 90%다. 12년 전으로 복원한다는 것은 그동안 얼마나 후퇴했었다는 말인가?"

열린우리당 시절을 기억하자면, 보궐선거를 했는데 전 지역에서 패배했었다. 당을 이끄는 주류세력들은 진성당원 경선제도 때문에 졌다고 주장했다. 여러 지역구 중에서 단 한 지역에서만 경선이 있었다. 이성과 합리성은 실종되었다. 47석 짜리 정당이 노무현 대통령 탄핵 역풍에 힘입어 제1당이 되더니, 곧바로 의원기득권 유지를 위해서 당헌당규를 무력화했었다. 진성당원제도를 무력화시키면서 주류중심으로 기득권을 나누는 체제로 급변한 것이다. 창당 당시의 당헌당규대로 상향식 공천을 주장하는 세력은 정의당으로 간 유시민과 참여정치연구회 세력 정도였다. 이 과정에 운동권 86 출신의 어떤 의원도 문제를 제기하지 않았다.

정치를 하면서 당내 비주류 역할만 하던 노무현은 대통령이 되어서도 공천권을 탐내지 않았다. 실제로 2004년 총선 공천에 전혀 영향력을 행사하지 않았다. 노무현 대통령은 "당의 권력을 당원들께 돌려드리겠다"는 소신을 지켰다. 그러므로 노무현이 대통령을 하고 있었는데도 불구하고 '친노 패권'이라는 용어 자체가 없었다. 오히려 노무현 대통령의 정치적 경호실장이라 불리던 유시민과 노무현 대통령을 적극적으로 지지하던 참여정치연구회 세력은 불이익을 받을 정도였다. 물론, 창당 정신에 입각하여 '진성 당원제도'와 '상향식 공천'을 마지막까지 사수하는 세력이었기에 견제 받은 면도 컸다.

노무현과 인연이 긴밀했던 인사들이 최초로 당의 다수 주류로 등극한 것은 2012년 총선 전의 통합민주당 한명숙 대표 체제였다. 공천을 어떻게 했나? 일명 '노이사 공천'으로 전국을 단수공천과 전략공천으로 도배했다. 친노정치가 이전의 낡은 계파정치와 다를 바가 없다는 것에 지지층과 국민들은 큰 실망을 했다.

나는 이것이 야권에서 '친노 비노 대립'이 발생한 결정적 계기라고 생각한다. 물론, 안다. 비노 계파가 주도했어도 마찬가지로 공천을 했을 것이다. 열린우리당 이후로 '상향식 공천'이라는 민주적 질서는 형해화된 상태였기에, 어느 세력이 당권을 잡아도 마찬가지로 문제가 있었을 것이다. 하지만 대통령의 불법적인 권력을 내려놓고, 당권력도 당원들에게 돌려드리겠다고 했던 노무현이다. 그의 정신을 계승하겠다고 자처한 분들이 기존 계파들과 동일하게 공천을 한 것이다. 더 노골적인 계파 공천을 한 것이다. 대통령 선거 이후로 친문(친문재인)은 성찰하지 않았고, 비문(비문재인)은 정치노선과 정책방향을 두고 경쟁한 것이 아니라 친문의 권력을 뺏기 위해서 갈등했다. 그리고 국민의당이 분열되어 나가기도 했다.

정치적 이해관계와 친소관계에 의해서 형성되어 온 더불어민주당의 계파 정치는 청산되어야 한다. 기실, 과거 상도동계와 동교동계 등의 계파와 비교했을 때 더불어민주당의 계파는 그 구성원이 불명확한 것도 사실이다. 그러나 '친노 비노', '친문 비문' 식으로 친소관계와 이해관계를 중심으로 나누어진 세력들이 당권과 대권을 놓고 암투를 벌이는 것은 부인할 수 없다. 이제 이런 시대를 끝내야 한다.

계파가 아닌 정파 간의 공정하고 민주적인 경쟁이 존재하는

'현대적 민주정당'으로 재정립되어야 한다. 총선 공천이 다가오면, 재선·삼선의원도 당 지도부와 공천심사위원들에게 고개 숙이고 비굴한 웃음을 짓고 아부를 한다. 한 정치인의 가치를 테이블에 앉은 몇 사람들이 신이 되어 평가하는 것은 이미 反민주주의이다. 정치인의 정치생명을 결정할 존재는 당원과 국민이어야 한다. 그래야 정치인은 죽음을 받아들일 수 있다. 그리고 자신을 죽일 수 있는 존재에게 헌신하고 충성하는 법이다. 국회의원과 당 간부가 국민과 당원을 대의하고 대변할 수 있도록 하기 위해서 '정당민주주의'는 필수적 요건일 수밖에 없는 것이다.

그리고 '현대적 민주정당'으로 재정립될 때, 당 밖의 다양한 진보적 정치세력이 더불어민주당에 참여할 수 있다. 당 주류에 편승하지 않고는 당내에서 자리 잡을 수 없다면 당 밖의 진보적 정치세력들이 어떻게 참여할 수 있겠는가? 시스템에 의한 공정한 경쟁, 이념과 노선에 따른 정파의 확립, 이것은 연합 정당의 기본이다. 그동안 더불어민주당은 이런 기본이 방기된 채 '反새누리당 연합'을 꾀하기만 했다. 시대에 뒤떨어진 낡은 정당 체제로 생산적인 결과를 만들 수 없다. 비정상적인 극우보수 정당을 극복할 수는 없다. 미래로 나아갈 수 없다. 자유주의자들이 현대적 민주정당이라는 플랫폼에서 마음껏 활동하고 공정하게 경쟁할 수 있도록 해야 한다.

비민주적이고 봉건적인 낡은 옷을 입고 '진짜 자유민주주의 프레임'을 재구성하는 것은 한계를 낳는다. 자유민주주의자들에게 걸맞은 자유롭고 공정한 현대적 민주정당을 만들어야 한다. 더불어민주당의 공천을 중심으로 비판한 이유는, 정당 내의 권력이 만들어지는 과정이 민주적이지 못하다면 권력을 두고 비생산적 이전투구가 지속될 수밖에 없기 때문이었다. 정당은 국민을 대의해서 국가 권력을 얻기 위해서 노력하는 조직이다. 그 조직이 공직후보자를 공천하는 과정이 민주적으로 정립되지 못한다면 '현대적 민주정당'의 기초가 이미 허물어진 상태이다. 특권에 입각한 기득권은 마약이 되어 그 조직을 병들게 한다. 유럽의 전통 있는 민주정당들이 '공천 파동'으로 시끄럽다는 뉴스를 본 적이 있는가? 낡은 정당체제와 낡은 정당문화라는 구시대의 유물을 수거해서 폐기할 때, 정치노선과 정책방향을 두고 경쟁하는 '정파 경쟁'의 시대가 열리는 것이다. '현대적 민주정당'으로 재정립될 수 있는 것이다.

더불어민주당은 '혁신안'을 당헌당규에 반영하였지만, 당의 문화는 과거의 관행으로 돌아가려는 구심력이 강한 상태이다. 그리고 혁신안은 일부 진일보한 면이 있지만, 여전히 낡은 관행과 결별하지 못한 안이다. 그런데 그 혁신안마저도 제대로 구현되지 못하고 있다. 당 혁신위원회는 당의 '시스템 혁신'을 목표로 한다고 강조했었다. 그러나 지금 우리가 목도하는 것은 당의 근간을 시스템 혁신으로 바로 세우는 과정이 아니다. '인재영입 이벤트'와 '특권을 꾀하는 뉴파티위원회' 등으로 더불어민주당이 바로설 수 있는 것이 아니다. 2016년 총선과 2017년 대선을 준비하는 과정에서 극복되어야 한다.

자유민주주의의 근원적 가치에 입각하여 전술했던 17가지 요소가 구현되는 정당을 설계하고, 당의 강령·정강정책과 당헌·당규를 전면적으로 혁신해야 한다. 정당의 조직구성과 활동이 '자유민주주의 원리'에 입각한 정당이 되어야 한다.

2016년 2월 20일, 중앙일보 기사를 보자.

지난 16일 오전, 더불어민주당 김종인 비상대책위원회 대표가 양산에서 올라온 문재인 전 대표에게 서류 뭉치를 들어 보였다. 문 전 대표가 안철수 의원의 탈당에도 불구하고 지켜왔던 당 혁신위원회의 혁신공천안이었다. 묵묵부답의 문 전 대표를 향해 김 대표의 발언이 이어졌다.

▶김 대표= "당 대표가 공천에 아무것도 못하게 해놨어요. 혁신안, 이거 만든 배경이 뭡니까?"

▶문 전 대표= "당시 계파 갈등 속에 '대표 마음대로 한다' 고 해 대표의 권한을 다 없앤 겁니다."

▶김 대표= "그건 태평성대 때나 할 얘기고…. 말이 좋아 시스템 공천이지, 이걸로 어떻게 개혁 공천을 합니까."

김 대표는 문 전 대표에게 혁신위의 공천안을 변경하겠다고 '통보' 했다. 문 전 대표는 김 대표를 만나고 난 뒤 측근들에게 이렇게 말했다고 한다. "김 대표는 정무적 능력이 탁월한 분이다. 시대적 과제인 경제 민주화에 대해서도 이미 체화가 돼 있다. 나는 그를 믿는다."

_____ 전·현 대표 두 사람과 두루 가까운 손혜원 홍보위원장이 김 대표에게 "그러면 어떤 사람을 공천해야 하느냐" 고 물었다고 한다. 그랬더니 "될 사람 줘야지. 일할 사람" 이라는 간명한 답이 돌아왔다고 한다. 김 대표의 한 측근은 19일 "공천 원칙은 국민 눈높이에 맞는 사람, 그리고 당선 가능성 두 가지" 라고 말했다.

_____ 김상곤(현 인재영입위원장) 전 혁신위원장 측에 혁신안이 휴지가 되고 있는 데 대한 반응을 묻자 "노코멘트" 라고 했다. 혁신위에 관여했던 인사는 "지켜보다가 혁신의 정신까지 무너지면 우리가 떠날 수밖에 없지 않겠느냐" 고 말했다.

더불어민주당의 '인재영입 파티' 의 절정은 새누리당 박근혜 대통령 후보 공동선대위원장을 역임했던 김종인을 영입한 것이다. 김종인에게 당 대표를 대신하는 '비상대책위원회 대표' 와 '선거대책위원장' 을 겸하게 한 것이다. 김종인 선대위원장이 비상대책위원회 대표를 겸하도록 만들기 위해서, 2016년 1월 27일 중앙위원회를 급하게 개최하여 '당헌 부칙 15호'를 만들었다. 사퇴하는 당 대표가 지목한 '외부인' 을 후임 대표로 만들기 위해서 당헌을 바꾼 것이다. 더불어민주당은 또다시 당내 민주주의를 무력화했다. 모두가 침묵했다. 그리고 전당대회를 거치지 않은 김종인 임시 대표가 '비상 상황' 이라는 이유로 또 다시 '엄격한 아버지' 가 되겠다고 선언한 것이다.

국민의당에 입당한 정동영 전 의원의 지적처럼, 더불어민주당의 이런 정당풍토가 봉건적이고 패권적인 것이다. 당의 임시 대표조차도 '내가 하는 공천이 개혁공천이야' 라며 '엄격한 아버지' 가 되어서 군림하려는 정당인 것이다. 당 대표가 될 사람과 일할 사람을 판단하면, 그것이 정답이고 당원들은 따라야 하나? '국민 눈높이' '당선 가능성' 이라는 추상적이고 임의적인 기준으로 지도부의 뜻을 '하향식' 으로 관철하겠다는 것이다. 투명하고 객관적인 상향식 공천 제도를 도입하겠다면서 만든 '혁신안'을 휴지로 만들겠다는 것이다. 당의 의결기구인 중앙위원회를 통해서 결정한 혁신안이다. 그 민주적 결의를 총선을 앞두고 외부에서 영입한 임시 당대표가 무시하겠다는 것이다. 이런 행태도 문제지만, 이런 비민주적 행위에 항의하는 당내 인사조차도 없다는 것, 더불어민주당은 '현대적 민주정당'의 자생력이 없는 '봉건 정당'이라는 의미이다. 더불어민주당은 '정당민주주의'에 대한 개념 자체가 상실되었다.

김대중, 노무현을 배출한 더불어민주당은 이제 현대적 민주정당으로 나아가야 한다. 총선 이후 대통령 선거를 위해서라도 변화와 혁신을 국민에게 보여주고 신뢰를 쌓아야 할 더불어민주당이다. 그런데 김종인 비상위원회 대표는 '엄격한 아버지'가 되어서 봉건적 정당문화를 더 강화시키려 하고 있다. 과거 공화당에도 독재자 박정희 대통령에게 쓴소리를 하는 의원들이 있었건만, 공천권을 휘두르겠다는 김종인 대표에게 항의하는 더불어민주당 의원은 없다. '혁신안'을 만든 당사자들조차도 침묵하고 있다.

다만, 더불어민주당 혁신위원회 위원으로 참여했던 조국 교수는 페이스북을 통하여 나에게 이렇게 말했다. "현재 한국 정당은 사람을 키우는 조직이 아니라 '선거용 캠페인 조직'을 벗어나지 못하고 있는지라…." 조국 교수는 당내외 인사 중에 처음으로 김종인 당 대표를 '계몽절대군주'라고 호칭하기도 했다.

박근혜 대통령은 자신들의 극우보수 색깔을 지울 수 있는 '김종인의 경제민주화'만 지난 대통령 선거에서 사용하고 김종인을 버렸다. 애초에 김종인을 지도자로 생각한 적도 없으니 과도한 권한을 주지 않았었다. 그런데 더불어민주당은 국민의당이 분당되어 나가자 위기를 모면하기 위해서 급하게 김종인을 당의 대표로 영입했다. 4년 전의 새누리당 흉내를 낸 것이다. 선진 유럽 국가에서는 정당민주주의를 넘어서 '직접민주제'를 실험하고 있다. 시대를 읽지 못하고, 미래로 반보도 가지 못하고 있다. 더불어민주당은 민주주의에 대한 신념이 없다. 그 근본 철학의 부재를 모두가 망각하고 있다.

더불어민주당의 '현직 국회의원 하위 20% 컷오프 제도'에 의하여 대구의 홍희락 시당위원장이 공천 탈락하고, 전략공천에 의하여 광주의 강기정 의원이 공천탈락하자 비판여론이 커졌다. 김종인은 당 대표의 재량권이 없는 것이 문제이므로 공천에 관한 '비상 대권'을 달라는 주장을 했다. 본말이 전도된 주장이었다.

논란이 된 두 경우는 '혁신위 시스템 공천'에서 남겨 둔 '하향식 공천제도'로 인하여 발생한 문제였다. 의정활동을 객관적으로 반영한 '평가지수'가 합산된 '상향식 경선'으로 당원과 지역주민이 결정했다면 문제가 되지 않았다. 그러나 이것을 빌미로 김종인은 당 대표의 '비상 공천권'을 요구하였고, 김종인 당 대표는 총선을 앞두고 당무위원회의 당헌당규 개정권한과 당규해석 권한을 비상대책위원회로 이관하도록 만들었다. 당 대표의 필요에 따라 멋대로 바뀌는 더불어민주당 당헌당규인 것이다.

　총선 승리의 전망이 없고, 국민의당이 분당한 위기가 외부인 김종인에게 이전 당 대표 권한을 넘어서는 절대권력을 용인한 것이다. 더불어민주당의 주요 문제 중에 하나가 리더십의 부재였고, 노회한 김종인은 '공천권'이라는 채찍을 들고 강력한 리더십을 일시적으로 획득했다. 김종인 제왕적 총재가 성공할까? 김종인은 과거의 방식을 유능하게 사용할 줄 아는 사람이다. 그러므로 성공의 요인을 가지고 있고 성공할 수도 있다. 그러나 미래의 방식으로 성공하는 길을 더민주가 포기한 것은 분명하다. 그리고 김종인의 약점, 그는 야권 지지층의 정서와 심리에 익숙한 사람이 아니다(필리버스터 중단 결정의 원인이다). 그는 노무현 같은 사람이 대통령이 된 현실이 이해되지 않았을 것이다. 중간층 획득 못지 않게 중요한 것은 야권 지지층 투표율이다.

김종인이 더불어민주당이 몰락하는 것을 막는 현상유지를 성공할지 모르겠다. 그런데 정당개혁, 정치혁신과 무관한 과거의 방식으로 이룬 현상유지가 대통령선거에서 어떤 결과로 나올까? 담대한 변화없이 대선을 이길 수 있을까? 정당은 갑자기 변화하지 않는다. 물이 끓기 위해서 필요한 뜨거운 변화의 열기가 더불어민주당에는 없다. 그것이 정권교체 뿐만 아니라 나라의 앞길을 어둡게 하고 있다.

2016년 2월 14일, 연합뉴스와 KBS의 여론조사 결과에는 이런 내용도 곁가지로 포함되어 있었다.

"새 인물을 수혈하는 인재영입 공천 26.9%, 국민에게 선택권을 주는 상향식 공천 59.9%"

더불어민주당은 낡은 정당문화가 만든 관념에 벗어나지 못하고 '승리를 위해서'는 '인재영입 파티'와 '하향식 공천'이 필요하다고 생각한다. 오히려 국민들은 민주주의의 기본을 인지하고 있다. 김무성 새누리당 대표가 "최고의 정당개혁은 국민에게 공천권을 돌려드리는 '상향식 공천'이다"라고 말한 것은 개인의 정치적 입지만을 생각한 것이 아니다. 국민들의 변화된 의식 수준을 읽는 눈도 새누리당이 더불어민주당보다 더 발달되어 있는 것이다. 새누리당은 국민들의 의식과 정서를 고려하여 '가짜 자유민주주의 프레임'을 짜고, 더불어민주당은 관념과 관습에서 벗어나지 못한 채 프레임에 갇혀서 허우적거린다. 참여정부 이래 계속되고 있는 모습이다.

이제 더불어민주당은 선택해야 한다.

낡은 관념에 물든 얼굴을 씻고 '현대적 민주정당' '자유민주주의 정당'으로 나아가야 한다.

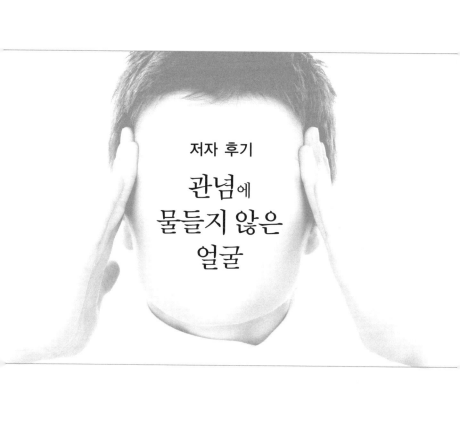

저자 후기

관념에
물들지 않은
얼굴

관념에 물들지 않은 얼굴

　지금, 세계 최고수 중에 한 명인 이세돌 기사가 인공지능 알파고와 바둑을 두고 있다. 제1국에서 알파고가 이세돌에게 불계승을 거두어 사람들에게 충격을 주었다.

　알파고는 두 개의 지능을 가지고 있다고 한다. 첫 번째 지능은 고수들이 둔 엄청난 양의 바둑 기보에 입각하여 전체 대국 흐름을 분석하고, 두 번째 지능은 당면한 상황에서 승리할 가능성이 가장 높은 수를 찾는다. 그런 능력으로 인해서 세계 최강자 이세돌에게 이기는 것일까? 꼭 그렇지만은 않을 수도 있다. 이세돌도 현재의 알파고가 가진 능력에 못지않은 능력을 가지고 있다. 그러나 이세돌은 관념이 있고 알파고는 관념이 없다. 인간은 어려운 상황에서 마음이 초조해지고, 불리한 상황에서 마음이 나약해지고, 유리한 상황에서 마음이 방심한다. 그 초조하고 나약하고 방심하는 마음은 현실을 정확하게 볼 수 없는 관념을 만든다.

극우보수 세력의 '가짜 자유민주주의 프레임'을 대체할 '진짜 자유민주주의 프레임'을 만들자는 주장에 반론이 존재할 수 있다. 기실, 극우보수 세력이 자유민주주의를 참칭하여 정치적 이득을 얻는 것은 어제 오늘의 일이 아니다. 새로운 사실이 발견된 것이 아니고, 진보적 지식인들과 진보적 정치인들은 알고 있던 사항이다. 그런데 알고 있는 진보적 지식인이나 정치인들의 의식은 대중에게 영향을 미치지 못했다. 대중은 관념과 마음이 있는 인간이다. 진보적 지식인들과 진보적 정치인들은 대중의 관념을 바꾸기 위한 진지한 노력이 없다. 오히려 포기하고 회피하며 도망치기 일쑤였다. 그 점이 한국 진보적 지식인들과 진보적 정치인들의 놀라운 나태함이었다. 그들이 나에게 "관념과 마음을 바꿀 묘수를 내놓아라"고 닦달하는 것은 중요하지 않다. 설혹, 묘수가 있다면 알아보고 느낄 수 있는 것도 대중들의 의식과 마음이기 때문이다.

오히려 문제는 '가짜 자유민주주의 프레임'의 허구성을 정치공론의 장에서 공세적으로 비판한 적이 없고, '진짜 자유민주주의 프레임'을 만들기 위한 전략적 접근을 한 적이 없었던 그들의 관념이다. 극우보수 세력들이 참칭한 '자유민주주의' 라는 용어 자체에서 느끼는 그들의 불편함이 우려된다. 그 진보적 지식인들과 진보적 정치인들이 현재의 야당에 영향을 미치고 있기 때문이다.

로켓에 인공위성을 탑재한(새누리당이 미사일이라 부르는) 물체를 북한이 발사하고 시국은 격변했다. 대한민국 김대중 대통령이 분단 이후 최초로 북한 대표를 만나서 합의한 '6·15 남북공동선언'에 의하여 조성된 '개성공단'은 폐쇄되었다. 개성공단 입주 기업과 하청 기업의 막대한 손실, 임직원들의 고용 불안이 예상된다. 연이어서 IS와 북한의 테러를 막겠다는 명분으로 국정원의 권한이 강화되고 국민 기본권이 침해된 법률안이 국회에서 의결되었다. 국가비상사태인 경우에만 가능한 국회의장 직권상정으로 본회의를 통과했다. 정치적 목적을 달성하기 위해서 국가 비상사태를 참칭한 것이다.

이런 극우전체주의적 독주가 자유민주주의에 위배된다는 개념을 담은 주장이 없었다. '자유민주주의자를 표방'하면서 '극우전체주의적 행위'를 비판하는 목소리도 듣기 힘들었다. 국민의 관념은 자유민주주의를 맹렬하게 옹호하는 세력을 새누리당이 모함한다고 해서 종북이라 생각하기 힘들었을 것이다.

사람과 사람의 의식은 말로 교류된다. 그 말이 개념을 형성하는 데 도움이 될 때에 그 효과는 증폭된다. 그렇게 형성된 개념은 관념으로 자리 잡는다. 더불어민주당과 야당은 '진짜 자유민주주의 프레임'을 만들기 위한 시도 자체가 없다. 단지 회피한다.

알파고는 프로기사들의 기보 16만 개를 반복 학습했고, 자기 스스로와 대국하면서 훈련하는 강화학습 기능이 있다고 한다. 알파고에 플러그를 꽂고 스스로 학습할 수 있는 프로그램을 부여한 것은 인간이다. 알파고가 인간 이세돌을 이겼다고 낙담할 필요는 없다. 그렇지만 한 가지 교훈은 명백하다.

알파고는 곧바로 바둑의 고수가 된 것이 아니다. 고수가 될 수 있는 방향을 알파고 개발자는 알파고에게 알려준 것이다. 알파고는 반복 속에서 가장 효과적인 바둑의 길을 찾았고, 스스로 고수가 되었다. 천 개의 CPU(중앙처리장치)를 내장한 알파고가 스스로 프로기사들의 기보 16만 개를 반복학습하고 이세돌을 이긴 것이다. 효과적인 방법을 인지한 존재라도 반복 없이 쉽게 결실을 이룰 수는 없다. 알파고는 최고수 이세돌에게 이기는 것이 어려울 것이라는 관념이 없기 때문에 도전했고 포기하지 않았다. 이세돌을 이긴 알파고의 얼굴은 '관념에 물들지 않은 얼굴'이다.

엄청난 위력을 떨치고 있는 '가짜 자유민주주의 프레임'을 꺾기 위해 수없이 반복되어야 할 도전이 필요하다. 이 책이 '진짜 자유민주주의 프레임'을 구축하는 데 조금이라도 도움이 되는 방향으로 손짓하고 있다면 기쁘겠다.

이세돌 기사가 제 2국에서도 패배했다는 소식을 듣고, 글을 맺는다.

—2016년 3월 10일